何歳からでもシュッとする

Ena Narumi

主婦の友社

好きな顔でいるために
「顔のマネジメント」を今こそ

はじめに　10年後、20年後も

人は皆、平等に歳を重ねます。

目の下や頬のたるみ、目の周りのシワ、鼻の下の伸び、
下がった口角に深くなったほうれい線、あご下のもたつき、頬のコケなど……。
若い頃との見た目の変化に、落ち込んだり悩んだり。

ひと昔前であれば、「どうせ歳だから」と年齢のせいにして、
美しくあり続けることを諦めてしまう人が多かったかもしれません。
けれど、人生１００年時代といわれる今は違います。
過去ばかりを見て今の顔をマイナスに捉えるのではなく、
この先、10年、20年後も自分らしい美しさを叶えるために
今から、なりたい姿をめざして顔づくりを始めてみるのはどうでしょう？

私が提案するメソッドは、顔の表層だけにアプローチするものではありません。
深部にある筋肉や脂肪を「ゆるめて・きたえて・成形（リモデ）する」という方法で、
顔の芯から変えていくところが特徴です。
筋肉の構造を理解して、最適な方法で顔のトレーニングを続けていただければ、
誰でも、理想の顔にマネジメントすることができるのです。

顔の悩みのほとんどは、筋肉が弱ったことによる「たるみ」が原因

エステティックの講師やエステティシャンとして、人の顔に向き合い続けて約30年がたちます。最初の頃は、スキンケアによる表面からのアプローチを軸にしていました。選りすぐりの化粧品を提案しても、肌の表面を変えるだけではお客様の悩みの根本解決には至りませんでした。何とかしたいと思った私は、肌の内側にある筋肉や脂肪にも目を向けるようになります。多くのお客様の話を聞き、顔に触れるなかで気づいたのは、悩みのほとんどが、皮膚ではなく、筋肉の衰えによる「たるみ」に由来していること。加齢によって顔の筋肉がやせたり、長年の表情グセによって筋肉が凝り固まったりすることで、表面にゆがみが生じているのだとわかってきました。ボディメイクをするのと同じで、顔の筋肉もしっかりと奥から動かせば変化があらわれ、たるみ劣化を食い止めることができるのです。

「美容整形」に頼らなくても
筋肉を動かして理想の形をつくる
「成形（リモデ）」で美しく変われます

「たるみ帳消し顔リフト」は、根治自活（こんちじかつ）な美容法。その場しのぎのケアではなく、たるみ悩みの原因を突き止め、根本からアプローチをする方法（根治）です。自らの手で顔を変えていただく（自活）というのも私が大切にしていることのひとつ。たるみが生じている理由と、それを解決するための方法をお伝えし、ご自身の手でトレーニングを行っていただきます。私が考案した、メスを入れずに理想の顔の形につくり変える「成形（リモデ）」というメソッドは、美容整形のようにほんの数時間で変わるわけではないですが、そのぶん、変化を実感したときの喜びはひとしお。誰でもいつでも始められるだけでなく、仕上がりが自然で、理想の形に定着するともとに戻りにくいのが魅力です。トレーニングを続けるうちに少しずつ顔が変わっていき、約1カ月後には輪郭や頬がシュッとしてきた自分に気づくはず。自らの手で顔を変えていく、そのプロセスも楽しんでみてください。

パーツだけを見るのではなく「全体のバランス」で考えましょう

気になるパーツだけをケアする「部分最適」な方法はおすすめしません。なぜかというと、全体のバランスがとれていることが最重要だから。美しい顔を決定づける要素として、①肌・パーツ、②輪郭、③表情・顔の動きがあり、これら3つの調和がとれていることが理想。例えば、目の下のたるみが気になる場合、美容整形で脂肪を取り除く方法があります。目の周りがすっきりすると若々しい見た目になりますが、目の下に本来あるべき凹凸がなくなることで顔が平面的な印象になり、見る人に違和感を与えてしまうことがあります。また、目元だけ美しく変わっても、輪郭やほかのパーツがたるんだままだと、劣化した部分が悪目立ちしてしまうことも。顔の一部分だけを見ると、全体のバランスがくずれてしまう可能性があるのです。さらに、顔のバランスをよくするためには、表情筋がスムーズに動くことも重要。笑顔が引きつったり口角がうまく上がらなかったり、思うように力が入らないという人も多いのではないでしょうか？　肌やパーツがきれいでも、動きがスムーズでないと不自然な印象を与えかねません。

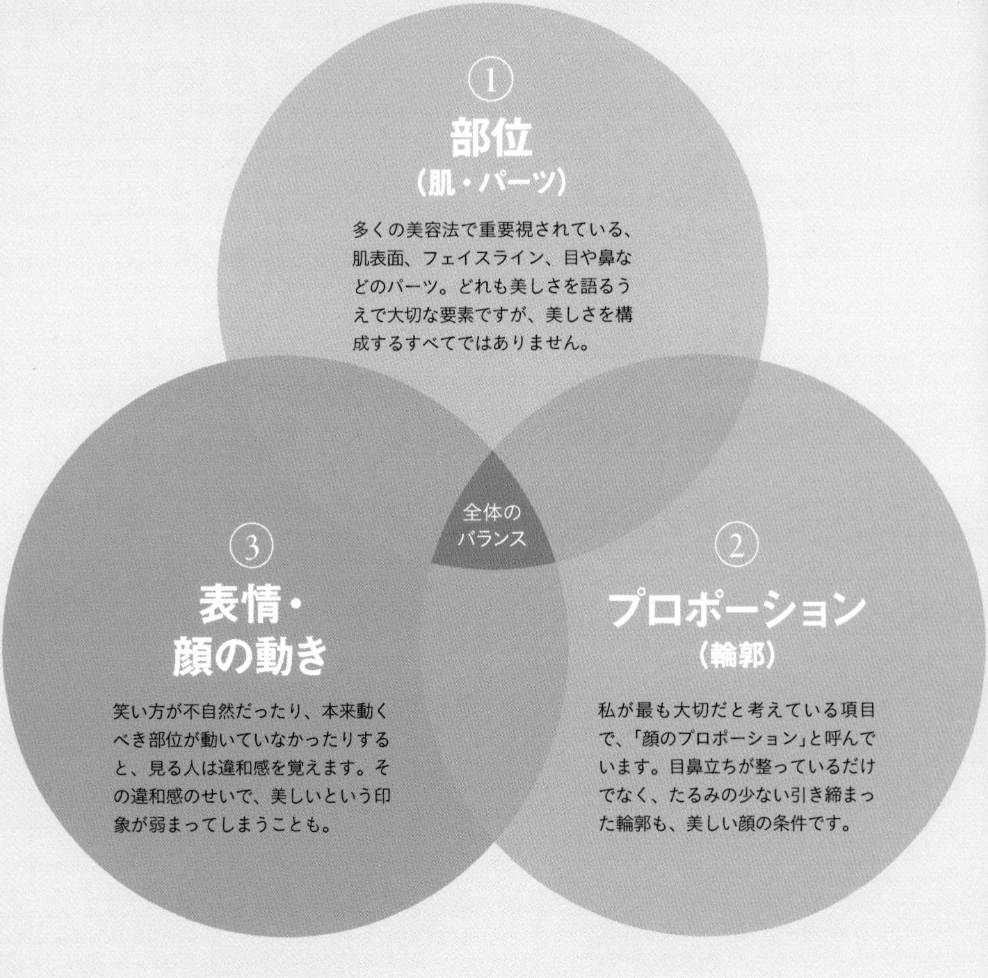

①
部位
（肌・パーツ）

多くの美容法で重要視されている、肌表面、フェイスライン、目や鼻などのパーツ。どれも美しさを語るうえで大切な要素ですが、美しさを構成するすべてではありません。

全体のバランス

③
表情・顔の動き

笑い方が不自然だったり、本来動くべき部位が動いていなかったりすると、見る人は違和感を覚えます。その違和感のせいで、美しいという印象が弱まってしまうことも。

②
プロポーション
（輪郭）

私が最も大切だと考えている項目で、「顔のプロポーション」と呼んでいます。目鼻立ちが整っているだけでなく、たるみの少ない引き締まった輪郭も、美しい顔の条件です。

PART 1

どうして「老け見え」するのでしょう?

WHY YOU LOOK OLDER?

手技を覚える前に、まずは、たるみやシワが生じる仕組みを
知りましょう。原因と対策がわかれば、
憎き老け見え要因に立ち向かいやすくなるはず。
セルフチェックで自身のたるみレベルを確認し、やる気スイッチをオンに。

筋肉の凝りと下がった脂肪が「老け顔」をつくりだす

　顔は、背中から肩と首、そして後頭部から首前面まで続く、一連の筋膜の流れの中にあります。そのため、肩や首、頭皮が凝ると、必然的に顔の筋肉も引っ張られて硬直状態に。そのまま顔の凝りに気づかず放置すると、筋膜が癒着して表情筋を動かしづらくなってしまいます。筋肉→脂肪→皮膚の順に覆われた顔の構造上、深部にある筋肉を動かせなくなると大問題。上層にある脂肪や皮膚を正しい位置で支えることができなくなり、結果的にたるみが生じるという仕組みです。
また、13ページの図のように、加齢とともに顔の脂肪量は減少し、下がってしまうのですが、その脂肪を支えているのも筋肉です。下まぶたのたるみや頬のコケは、脂肪量が減少したことで生じたへこみによるもの。筋肉をきたえて適度なハリを保つことができれば、脂肪の下垂を最低限にとどめて、過度なたるみ劣化を食い止めることができるのです。

脂肪が「大陸移動」する!?

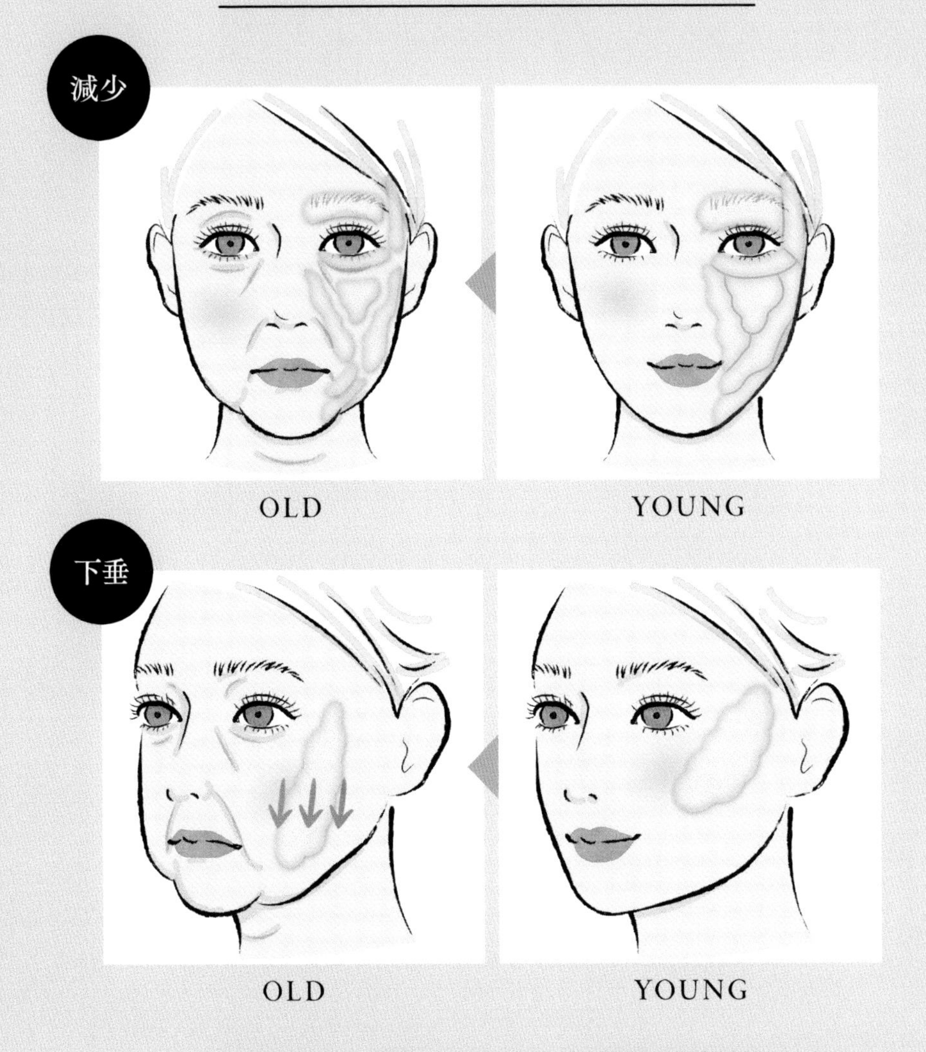

顔には、皮下脂肪と深層脂肪（バッカルファットと呼ばれるもの）という、2種類の脂肪が存在します。皮膚の上からでもつまめる表層の脂肪が皮下脂肪で、こめかみから頬の間にあって、皮下脂肪よりも深部に存在するのが深層脂肪です。ともに加齢によってボリュームが減少し、図のように下垂するといわれています。それによって、凹凸やたるみが生じて、プロポーションくずれを引き起こしてしまうのです。

顔型によって たるみ方が異なります

たるみにくい人とたるみやすい人の違いに、実は顔型が関係しています。
自分のタイプを知り、劣化しやすい部位を知ることが、たるみ帳消しへの近道に。

たるみにくいタイプ

四角顔

Square

骨格や筋肉がしっかりしているタイプ。たるみにくいけれど、筋肉の凝りが蓄積すると、**肌がゴツゴツとした印象になりやすい**ので注意。また、口元に負荷がかかりやすく、**口元のシワや口角下がりなどの悩みが生じやすい。**

面長顔

Long

顔の脂肪が少なく、たるみが気になりにくい一方で、**涙袋より下にある脂肪（目袋）のしぼみや頬のコケに悩む人も多い。**鼻の脇にある筋肉（上唇挙筋）のトレーニングが、顔の縦伸び防止に効果的。

たるみやすいタイプ

逆三角形顔
Inverted triangle

あごのラインが細くてシャープな逆三角形顔。あご以外はふっくらとしており、さわるとやわらかい。丸顔タイプと同じく、表情筋が衰えると頬の脂肪を支えきれなくなり、**下がった脂肪はあごの周りにたまりやすい**。

丸顔（卵型顔）
Round / Oval

丸みを帯びてふっくらとした肌が印象的。表情筋が衰えて、脂肪を支えられなくなるとたるみが加速する。とくに、**頬の脂肪が落ちると、口元やフェイスラインにたまりやすい**ので、ほうれい線が深くなる前に対策を。

Self Check

「老け見え」セルフチェック ①

用意するもの ―・ペン（太すぎず、やや重たいもの）

Self Check 1 唇の周りの凝り

✓ 唇をとがらせて鼻に当てる

✓ 鼻と唇の間にペンをはさんで10秒キープ

もっと 動画で詳しく！

まずは、唇の周りを囲む筋肉（口輪筋）が、凝っていないかをチェック。太すぎず、左右対称な形のペンを鼻と唇の間にはさんだら、唇に力を入れ、落ちないように10秒キープしてみてください。簡単そうに見えて、これが実は難しい！　できたという人は、応用にも挑戦。前につき出した唇を、鼻先に触れさせることができるかチャレンジして。

Self Check 2
頬の凝り

✓ あご先に手を添えながら
歯を見せて笑う

笑うときに、あごを引くクセがないかどうかをチェック。あご先に手を添えながら、歯を見せて笑ってみましょう。手からあごの位置がズレてしまったり、頬が引きつってうまく笑顔をつくれなかったりする人は、口角を上げるための筋肉(大頬骨筋)のたるみが進行している可能性あり。

Self Check 3

頬のたるみ

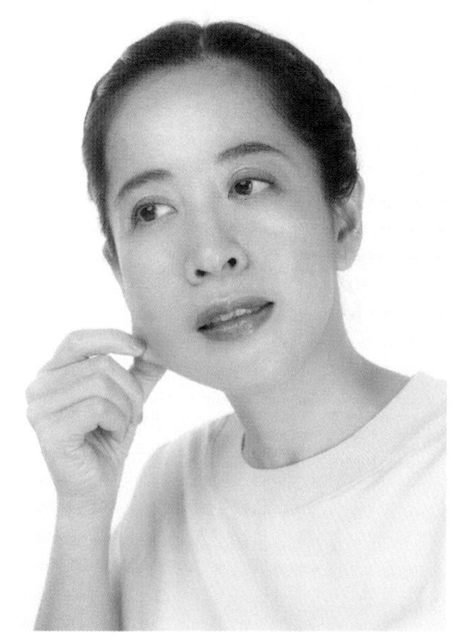

✓ 頬の下の皮膚をつまんで伸びるかどうか

✓ 頬の弾力をチェック

親指と人さし指で頬を軽くはさみ、もう片方の手の指で肌の奥のかたさをチェック。ゆで卵のような弾力を感じたら、適度なハリがあってたるんでいないといえます。次に、親指と人さし指で頬の下の皮膚をつまみ、1cm程度伸ばすことができるかチェック。痛みやかたさを感じたら、頬の筋膜が癒着したり凝りがたまったりして、たるみを引き起こしやすい状態です。

✓ 頬の頂点が小鼻の始点から鼻下点までの2/5の高さにある

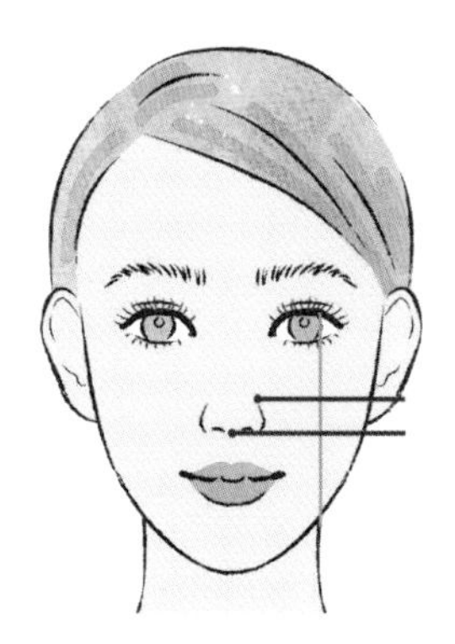

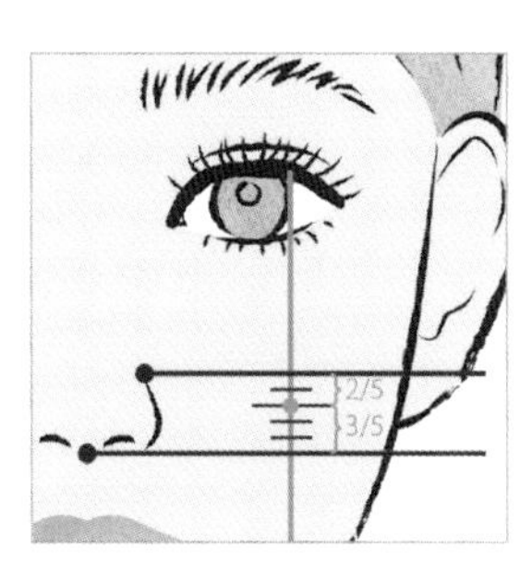

頬の頂点がどこにあるかを確認し、筋肉が下垂していないかをチェック。小鼻の始点から鼻の下までの2/5の位置に、頬の頂点があると理想的。若々しい印象を与えられます。

Self Check 4 鼻の下の伸び

✓ 唇の中心線が鼻下点からあご先までの1/3の高さにある

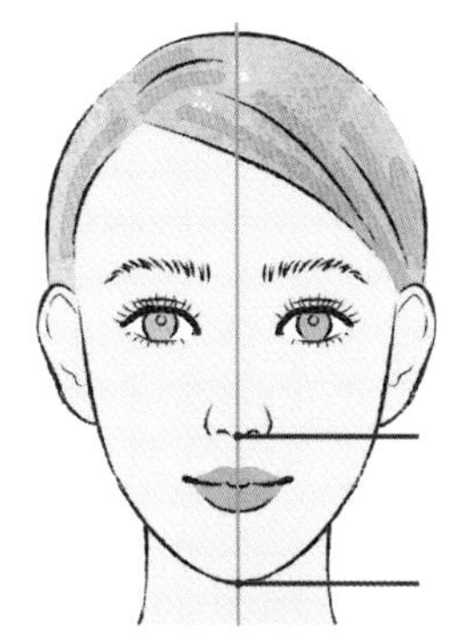

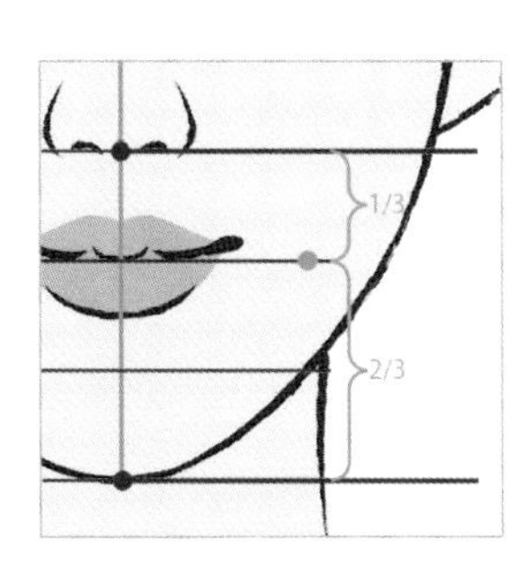

唇の周りの筋肉（口輪筋）が弱って、鼻の下が伸びていないかチェック。鼻下点からあご先までの1/3に唇の中心線があるか確認を。1/3より長い場合、たるみが進んでいる可能性も。

「よりよく変えられます」

セルフチェックをやってみて、いかがでしたか?
想像していたよりできなかったり理想と違う結果だったりして、
がっかりしたという方も、
落ち込む必要はありません。
たるみの原因をたどると筋肉の「凝り」にいきつきます。
「凝り」さえ解消できれば、何歳であっても、
たるみ劣化は止められるのです。
だから、安心してください。
むしろ、たるみがあるから変身できる。
劇的な見た目の変化を体験するほど、
その成功体験が自信になって、
もっと美しくなりたいというモチベーションが湧いてきます。
劣化は美しさを上書きできるチャンスだと、
ポジティブに捉えてみてください。

大人だからこそ

そして、いいことがもうひとつ。
もともと日本人の顔は凹凸が少なく平面的なつくりが特徴。
欧米人のような彫りの深い顔になれたら……と、
きっと誰しも憧れたことがあるのではないでしょうか。
加齢によって脂肪量が減少することで、
もとの骨格が際立って、若い頃にはなかった
美しい立体感が生まれます。
さらに、骨格が際立つと、
肌に光と影のコントラストがつきやすくなり、
シャープでツヤっぽい印象が手に入ります。
20～30代のときには叶わなかった理想の見た目を、
歳を重ねた今ならめざすことができるのです。

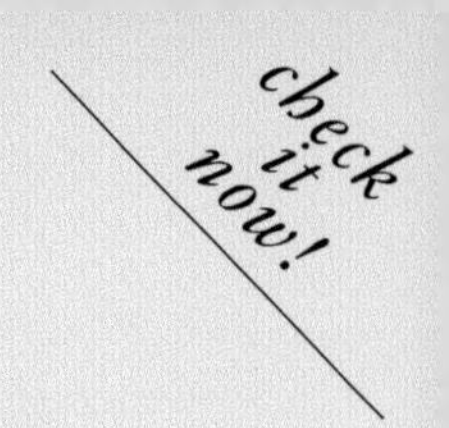

劣化の原因がすぐわかる!

CHECK LIST

鼻と唇の間にペンをはさんで10秒キープできる

● YES　● NO

あごを引かずににこりと笑える

● YES　● NO

Noなら、筋肉が凝っている可能性大!

P40～「ゆるめる」メソッドを重点的に行いましょう

頬にゆで卵のような弾力がある

● YES　● NO

頬の頂点が、小鼻の2/5の高さにある

● YES　● NO

唇の中心線が、鼻下からあご先の1/3の高さにある

● YES　● NO

Noが多いと、たるみが進行している可能性大!

P44～「きたえる」メソッドを継続して行いましょう

PART 2

「たるみ帳消し」筋トレ

BASIC WORKOUT

基本編

たるみの代表格ともいえるほうれい線の撃退方法を
お伝えしながら、「たるみ帳消し」筋トレを解説していきます。
筋肉の構造上、最適なメソッドを取り入れて、
自分史上"最高の顔"をめざしていきましょう！

“最高の顔プロポーション”の 5つの条件

たるみ劣化が少なく、顔のプロポーションがいいとは
どのような状態をさすのでしょうか。
指標を用意したので、ご自身の今の状態と比較してみてください。

1. 上まぶたの幅が **指2本分くらい** である
2. 鼻下点から上唇の谷（中心）までの長さが **2cm以内** である
3. 唇に適度な **厚みがある**
4. 頬に **ボリュームがある**
5. 輪郭が **でこぼこしていない**

これら5つが、プロポーションのいい顔を叶える条件です。目の周り、唇の周りにある筋肉が衰えて下がると、まぶたや鼻の下が伸びてしまいます。また、若い頃は下唇がしっかりあったはずなのに、いつの間にか薄くなってしまったという人も多いのではないでしょうか。これも唇の周りの筋肉が弱ってきた証です。頬にボリュームがなくなった気がする……という人は、13ページでお伝えしたように深層脂肪が下がったことが原因だと考えられます。輪郭のでこぼこは、表情筋が衰えてやせ細り、脂肪や皮膚を支えきれなくなることで生じています。

頬にふっくらとしたボリュームがある

頬にボリュームがあると、それだけで健康的な印象。目の下に凹凸がなく、なめらかであるほど美しい顔プロポーションといえます。

上まぶたの幅が指2本分

上まぶたの幅が狭い＝目元の筋肉が衰えていないということ。目の下のたるみやクマが目立ちにくく、若々しい印象を与えられます。

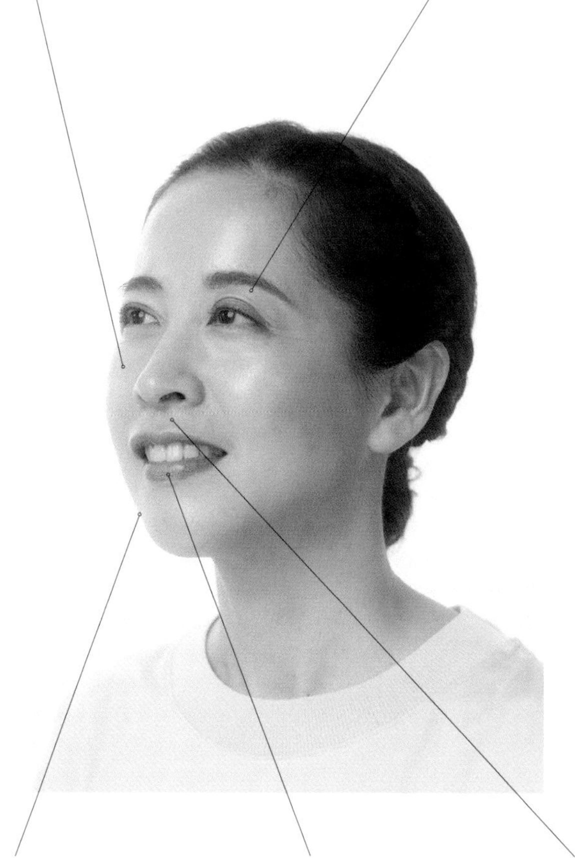

輪郭がでこぼこしていない

こめかみがへこんでおらず、フェイスラインはぼやけていない状態。適度に丸みを帯びつつ、余計なたるみのない輪郭が若見えの条件。

唇に適度な厚みがある

昔は下唇にぷっくりとした厚みがあったという人が多いはず。口元の筋肉が発達していると、ほうれい線が目立ちにくくなります。

鼻の下の長さが2㎝以内

若い頃の顔は、鼻下点から上唇の谷まで1.0～1.2㎝くらいが標準だといわれています。2㎝以内なら、たるんだ印象とは無縁。

なんと、

顔には50ほどの筋肉が存在します

目の周りを囲む眼輪筋や、唇の周りを囲む口輪筋、
顔の側面、耳上に広がる側頭筋など……。
27ページの図を見ていただければわかるように、
顔には大小さまざまな筋肉が重なり合って存在します。
喜怒哀楽によって表情を使い分け、
咀嚼をスムーズに行えるのは、複数の筋肉が
うまく連動しているからです。

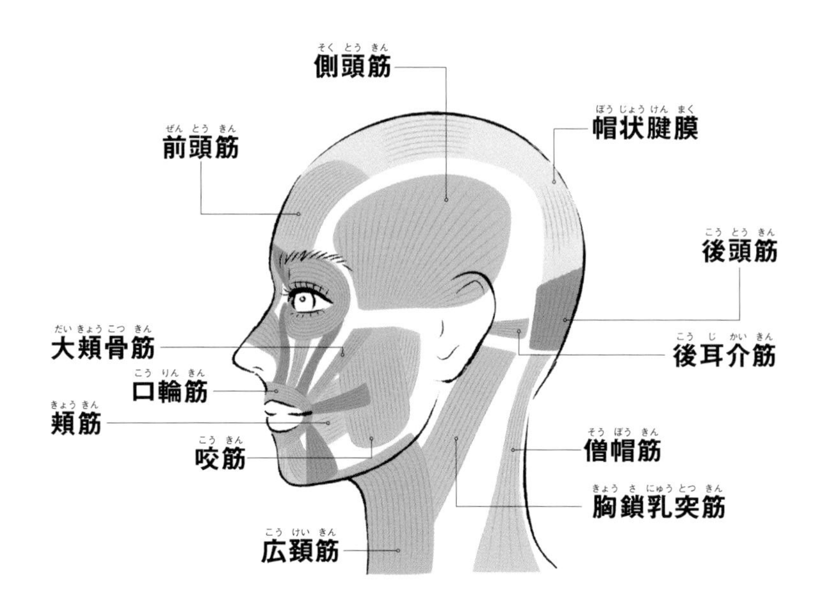
側頭筋
帽状腱膜
前頭筋
後頭筋
大頬骨筋
後耳介筋
口輪筋
頬筋
咬筋
僧帽筋
胸鎖乳突筋
広頚筋

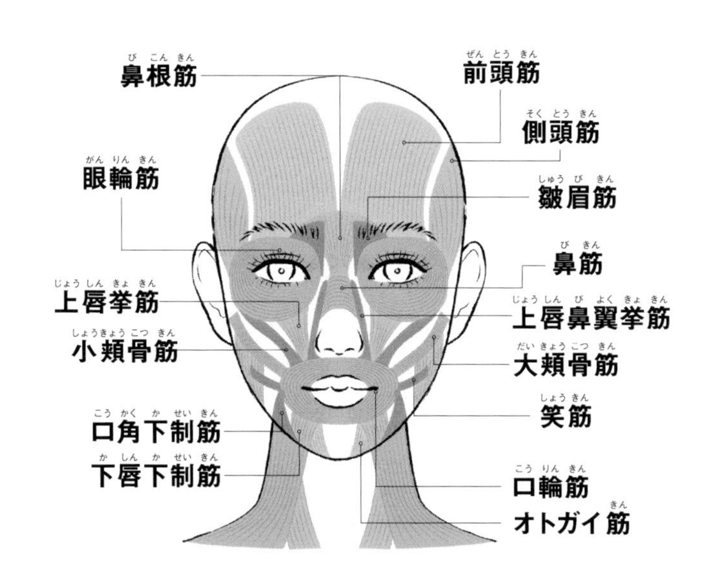
鼻根筋
前頭筋
側頭筋
眼輪筋
皺眉筋
鼻筋
上唇挙筋
上唇鼻翼挙筋
小頬骨筋
大頬骨筋
笑筋
口角下制筋
下唇下制筋
口輪筋
オトガイ筋

顔に存在するすべての筋肉はつながっています。

例えば、ほうれい線を薄くしたい場合。口元を重点的にほぐしたくなりますが、実はそれだと根治には至りません。というのも、27ページの図でほうれい線の深部に存在する口輪筋をよく見てみると、大頬骨筋という筋肉がななめ上方向につながっていることがわかります。同様にこの大頬骨筋をたどってみると、骨を介して耳上に広がる側頭筋にたどりつきます。ほうれい線が深くなる要因はいろいろありますが、側頭筋＝頭の「凝り」も大いに関係しているといえるのです。ＰＣやスマホの使いすぎを自覚している方、ストレスがたまっているなぁ……と感じる方は要注意。日に日に深くなるほうれい線の原因は、頭が凝っているせいかもしれません。

「たるみ帳消し」筋トレは、

筋肉の構造を理解することから

「たるみ帳消し」筋トレ ／ Point 1

顔を4つのパートに分ける

筋肉の構造を理解すれば、的確かつ効率的にたるみ劣化にアプローチできるとお伝えしました。とはいえ、「たるみ帳消し」筋トレを習慣化していただくにあたって、筋肉の名前をひとつひとつ覚えたり、何度もおさらいをしたりするのは大変です。そこで本書では、筋肉の役割別に4つのパートを設定しました。

まずは①働き筋。額の正面（前頭筋）から後頭部（後頭筋）、そして背中の表層（僧帽筋）まで続く、一連の筋肉をこう呼びます。デスクワークや家事をするときの偏った姿勢で負荷がかかりやすい働き屋の筋肉です。②輪郭筋は、横顔の輪郭にかかわる部分。咀嚼をするときには主にここの筋肉が使われます。耳上に広がる筋肉（側頭筋）、頬骨とえらの間に位置する頬の下の筋肉（咬筋）、あごの下から鎖骨周辺まで広く覆う筋肉（広頚筋）、耳下と鎖骨をつなぐ筋肉（胸鎖乳突筋）をひとまとめにしています。顔の正面に逆三角形の図で示したのは、③ウインク筋。鼻の脇に伸びる筋肉（上唇挙筋）と上唇の上からこめかみに向かって伸びる筋肉（小頬骨筋）をまとめています。V字で示した筋肉は、④スマイル筋と名づけました。唇の周りを囲む筋肉（口輪筋）と口角からこめかみに向かって伸びる筋肉（大頬骨筋）のセットです。

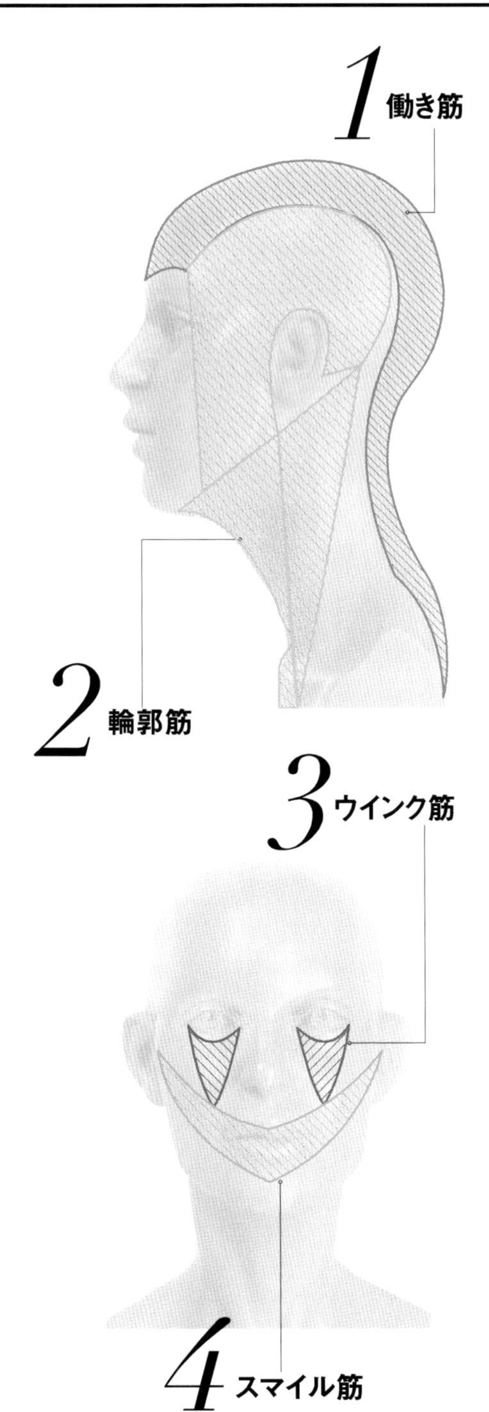

「たるみ帳消し」筋トレ ／ **Point 2**

「ゆるめて・きたえて・成形（リモデ）する」

―

表情筋が衰えてやせ細り、脂肪や皮膚を支えきれなくなった結果、たるみ劣化が起こります。なぜ、表情筋が衰えるのかというと、顔の運動不足によって筋肉が凝り固まったり、筋膜（筋肉を包む膜のこと）が癒着したりしてしまうから。マスクで顔の半分を覆われた生活が続き、たるみのスピードが加速したという人が増えたのはこのためです。

まずは筋肉の凝りをほぐし、ガチガチになってしまった筋膜との癒着をリリースすることが、頑固なたるみを解消する一番の近道です。そこで、皆さんに取り入れていただきたいのが、「ゆるめる→きたえる→成形（リモデ）する」という、3つの手順で行うメソッド。この順番のとおりに進めるのがポイントです。「ゆるめる」とは、筋肉の凝りをほぐし、筋膜との癒着をはがすこと。凝りを解消できれば、筋肉の動きを阻害するものがなくなり、表情筋の可動域が広がります。笑顔がつくりやすくなったり、顔を柔軟に動かせるようになったりします。最初の「ゆるめる」がストレッチだとすると、「きたえる」は筋トレの顔バージョン。普段はあまり使うことのないと

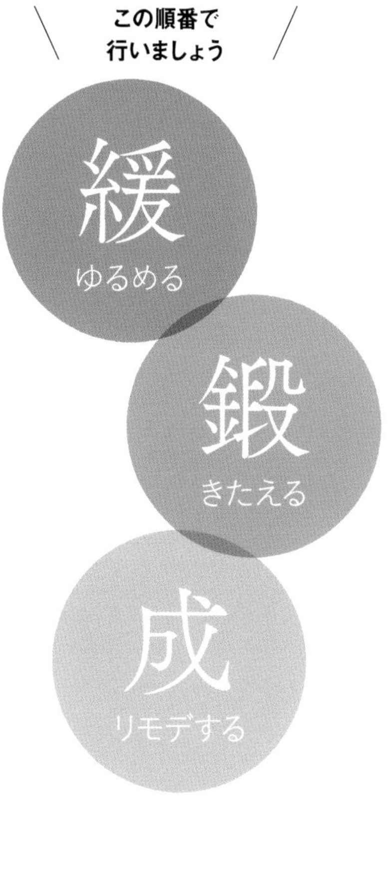

ころを意図的に動かし、負荷をかけることで筋肉を丈夫にするのが目的です。継続することで、顔に立体感とメリハリが生まれます。ラストは「成形（リモデ）する」。漢字のとおり、顔を理想の形につくり上げることを意味します。ゆるめてきたえた筋肉と脂肪を本来の位置に引き上げ、その状態を体に覚え込ませること。呼び方は、再構築するという意味のリモデリングに由来します。

この順番で
行いましょう

緩
ゆるめる

鍛
きたえる

成
リモデする

基本の手技

一番のポイントは、顔の芯にアプローチすること。痛みを感じるくらい、グリグリと力を入れるのが正解です。10秒間圧をかけたあと、顔がぽかぽかするのを感じたら、力加減がちょうどいいという証。

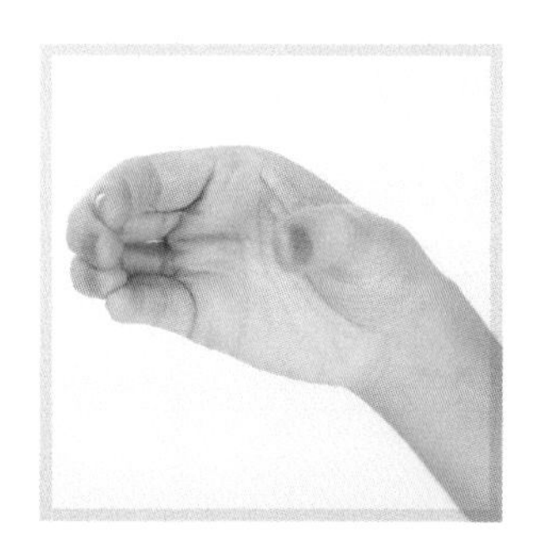

ほぐす

隣り合った筋肉どうしの癒着をゆるめるときの手。親指以外の4本の指先を顔の奥（筋肉のキワ）に入れ込み、揺さぶってほぐすイメージです。親指はズレないための支え役。

強さ ★★★★☆
深さ ★★★★☆

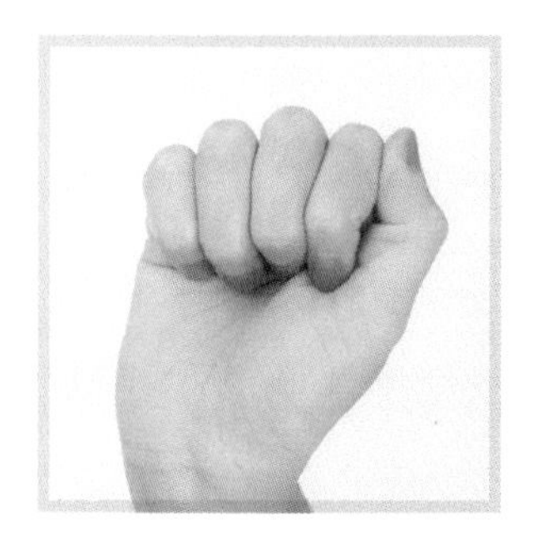

はがす

軽く拳を握って、第二関節をアプローチしたい筋肉のキワに入れ込みます。関節を食い込ませると痛みが強すぎると感じる場合は、平らな面をあてるのでもOKです。

強さ ★★★★★
深さ ★★★★☆

★POINT

圧をかける強さと、関節や指を筋肉のキワに入れ込む理想の深さを☆マークで表記しています。★の数が多いほど、深部まで力強く圧をかける必要があるということ。

筋肉の深部を動かすことが大切です！

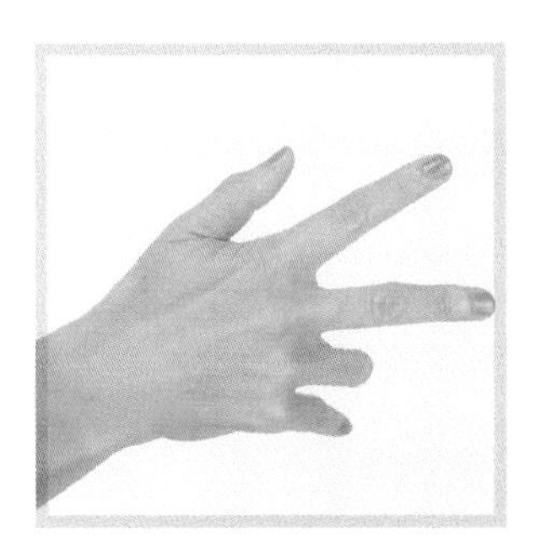

はさむ

骨と筋肉の癒着をはがすときの手。開いた人さし指と中指をゆるめたい部分にあて、やさしくはさみます。他と比べて強い力はいりませんが、深部に圧をかけることはお忘れなく。

強さ ★★★☆☆
深さ ★★☆☆☆

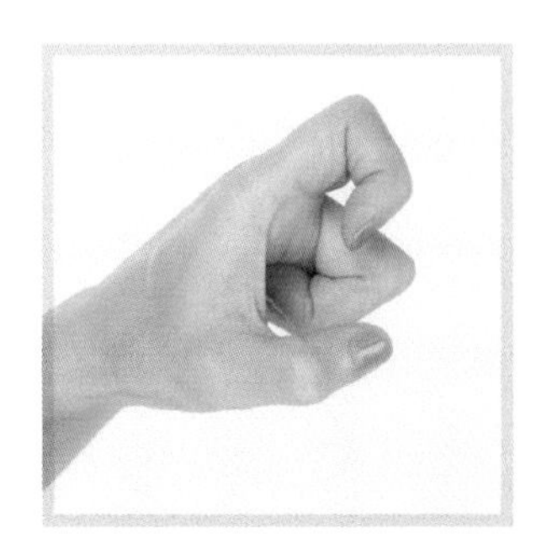

ひっかける

人さし指を折り曲げたら、平らな面を顔にあてて支えにします。折り曲げた親指をフェイスラインのキワやくぼみに入れ込み、左右に揺さぶって凝りをゆるめます。

強さ ★★★★★
深さ ★★★★★

これはNG

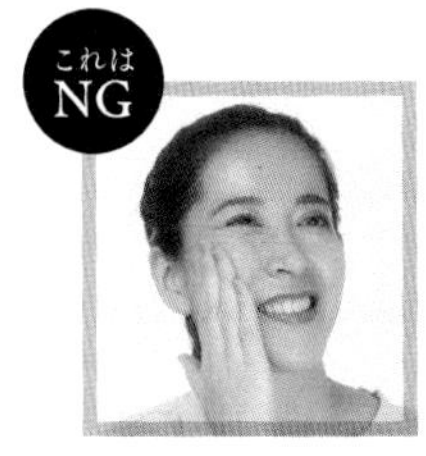

顔に摩擦を与えると肌荒れの原因になるほか、たるみの進行を早める恐れも。肌表面ではなく、深部に圧をかけましょう。

こする

これはNG

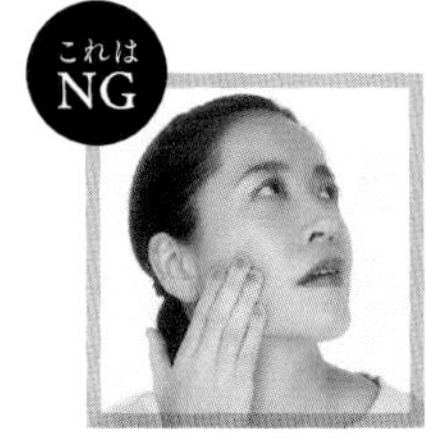

たるみを引き上げたいのだから、下に引っ張るのはNG行為です。成形(リモデ)をする際は必ず、捉えた筋肉を上方向に引き上げましょう。

下に引っ張る

ほうれい線は、加齢のせいじゃない!?

ほうれい線とは

年齢を問わず、誰にでも存在する**筋肉の境界線**です！

「**たるみ劣化**」の代表ともいえるほうれい線。加齢によってできるシワだと思われがちですが、実はこれ、**顔の筋肉や骨格の構造上、誰にでも存在する頬と唇の周りの筋肉の境界線なのです**。年齢に関係なく、20〜30代の顔にも存在します。では、40代以降になると、その存在感が増すのはどうしてでしょう。それは、もともとあった**頬と唇の周りの境界線である溝に、下がった皮膚や脂肪がたまってしまうから**。口元にぷっくりとしたたるみが生じ、ほうれい線が前より目立ってしまうという仕組みです。

ということは、**最近ほうれい線が深くなった気がすると感じる人は、たるみ劣化が進行しているサイン**とも考えられます。たるみのレベルを測るうえで、ほうれい線の深さや長さは指標になるのです。

最終的なゴールは、ほうれい線の元凶である、**頬と唇の周りの筋肉の境界線を薄くすること**。そのためにたるんだ皮膚を引き上げ、溝を薄くしていきます（STEP3 成形(リモデ)する）。しかし、筋肉がたるんだままだと、溝を引き伸ばしてもすぐにくずれて戻ってしまうため、頬の筋肉をきたえて丈夫にする**必要**があります（STEP2 きたえる）。さらに、きたえやすくするためには、硬直した筋肉の凝りをほぐすことが重要です（STEP1 ゆるめる）。それぞれの**手技の目的**とゴールを考えれば、**「ゆるめる→きたえる→成形(リモデ)する」の手順を踏んでトレーニングを行うことが大切**だとわかるでしょう。

ここでは、ほうれい線悩みに有効なトレーニングメニューを用意しました。1つ10秒、トータル1分40秒ほどでできるメソッドです。続けるうちに、顔のプロポーションがよりよく変わっていくのを感じられるはず。

目的から逆算した筋トレでほうれい線を根本から撃退！

How to

―このパートの使い方―

ほうれい線が気になる場合、3つの筋肉の凝りをゆるめて、きたえて、本来あるべき位置へと成形（リモデ）する必要があります。アプローチするのは、輪郭筋のうちのひとつ、①側頭筋と呼ばれる耳上に広がる筋肉と、頬骨とえらの間にある②咬筋と呼ばれる筋肉、ほかにはスマイル筋のうちのひとつ、口角からこめかみにつながる③大頬骨筋という筋肉です。また、①②③の筋肉を動かしやすくするために最初にゆるめる、頬骨弓（きょうこつきゅう）（咬筋の付着部の骨）の位置も覚えておきましょう。

アプローチするのはこの3カ所

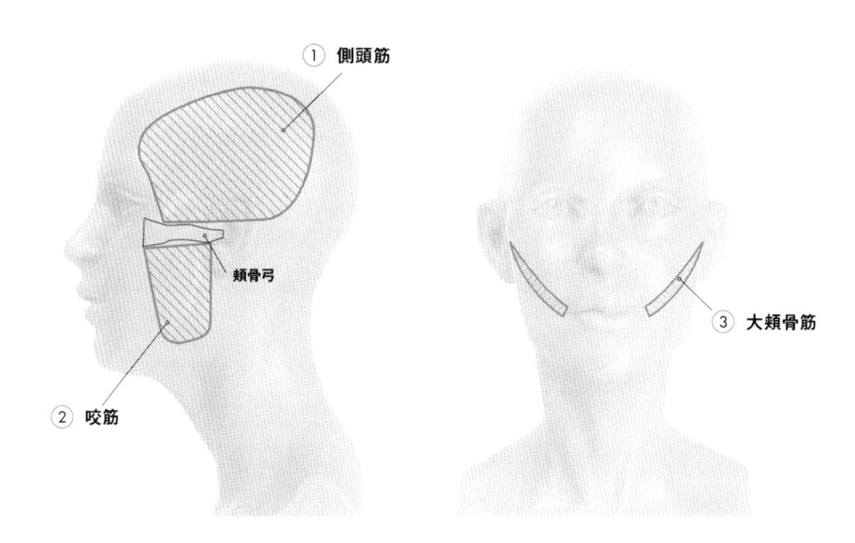

① 側頭筋（輪郭筋のうちのひとつ）

耳上に広がる側頭部の大きな筋肉。主に、咀嚼をするときに使われるパーツです。こめかみに手のひらをあてた状態で奥歯を噛みしめると、動くのが側頭筋。頬を支える筋肉とつながっているため、側頭筋が凝ると顔全体のたるみが悪化するといわれています。

② 咬筋（輪郭筋のうちのひとつ）

頬骨とえらの間に位置する、側頭筋と同じく、ものを噛むときに使われる筋肉。奥歯を噛みしめたときにえらの上でぷくっとふくらむのが咬筋です。咬筋が凝り固まると、頬や頭の筋肉も下方に引っ張られてあるべき位置からズレてしまいます。

③ 大頬骨筋（スマイル筋のうちのひとつ）

口角からこめかみまでをつなぐ、笑顔をつくるときに動かす筋肉です。頬に手をあてた状態で「せ」と言ったときに引き上がる筋肉をさし、ここの衰えが口角下がりの一番の原因に。老け見えを加速させるだけでなく、不幸せそうな表情にも見せてしまうので注意。

1. 頬骨弓（きょうこつきゅう）を指ではさんで左右に動かす

小刻みに
動かす
10秒

まずは、頬骨の側方に位置する弓状の骨（頬骨弓）と筋肉との癒着をはがします。耳横の骨の突起を人さし指と中指の腹ではさむようにして、顔の奥に圧をかけながら、左右に小刻みに動かしてください。この下準備によって、側頭筋や大頬骨筋を動かしやすくなります。

POINT

指の腹全体を
肌にぴたっと押しつけて

2. 側頭筋（そくとうきん）を拳でグリグリ

3. 側頭筋全体を捉えてぐっと上げる

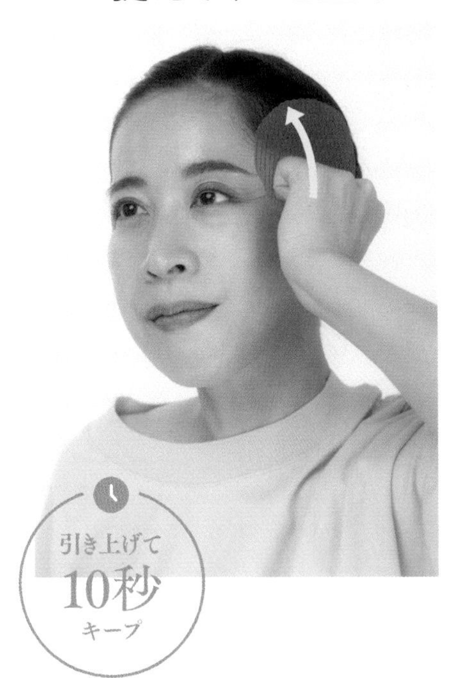

2.握り拳の第二関節を側頭筋にあて、左右に小刻みに動かします。10秒続けると、側頭部の凝りが解消されて頭がすっきりと軽くなるのを感じられるはず。3.グリグリし終えたら、拳の平らな面で筋肉を捉え、上方向に持ち上げて10秒間キープ。より顔が引き上がります。

POINT

指の関節を使ってほぐす
（痛すぎる！という人は、平らな骨部分を使ってもOK）

4. 大頬骨筋（だいきょうこつきん）をはさんでななめに動かす

大頬骨筋に指を押しあて、顔の奥に圧をかけながら、ななめに動かします。小鼻の横に中指、目尻の下あたりに人さし指がくるように指を広げると、力を入れやすいです。肌に摩擦を与えないように深部からガシガシと揺さぶって、凝りをゆるめていきましょう。

5. 頬骨の輪郭に沿うように指を引っかけて左右に動かす

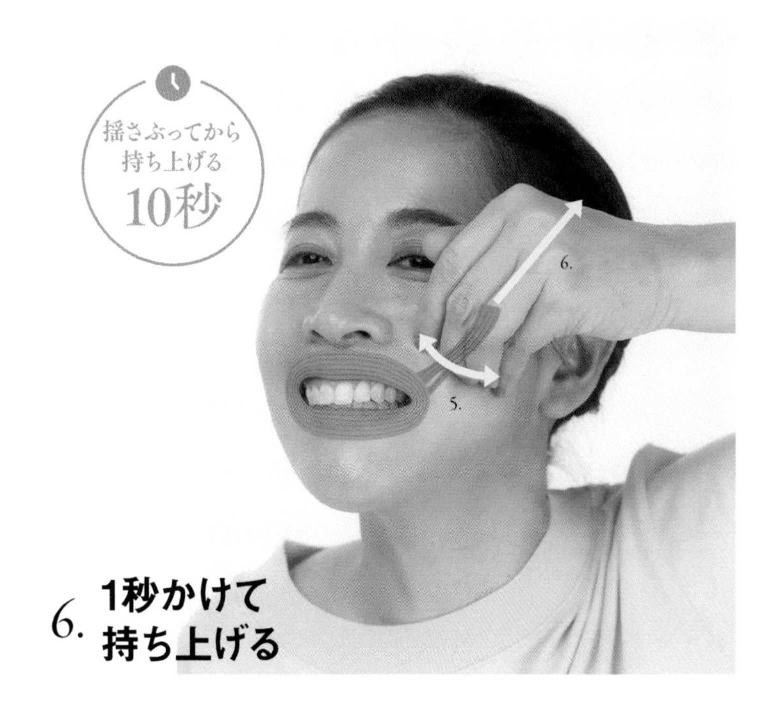

6. 1秒かけて持ち上げる

大頬骨筋と唇の周りを囲む筋肉（口輪筋）との境界線の凝りをゆるめていきます。ほうれい線のさらに奥にある筋肉に指を引っかけるイメージで、深部に入れ込んだ指を左右に動かします。10秒動かすうちの最後の1秒間でななめ上方向に持ち上げて、引き抜きましょう。

ATTENTION!

爪は短く切っておくこと

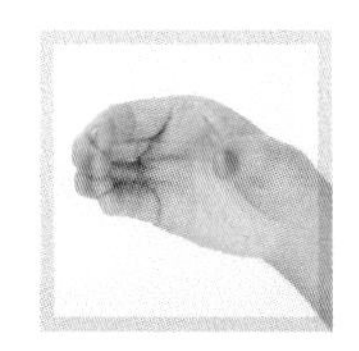

Basic 指で支えて笑顔をキープ

歯を見せて笑い、口角の上がった状態をキープするトレーニングです。自力で口角を上げづらいという方が大半だと思うので、指でサポートしながら行いましょう。大頬骨筋をやさしくつかむと、笑顔をつくりやすくなります。そのまま10秒間キープしてください。

Level up あごをおさえながら口角を上げる

1秒×10回

あごが動かないように指の腹で固定しながら、口角を上げる動きを10回くり返します。口角を上げてからもとに戻すまでを、なるべくスピーディに行うのがポイント。10回きたえ終えたら、頬がぽかぽかと温まって、引き上がった感覚も得られるはずです。

1. 咬筋（こうきん）を押し込んで引き上げる

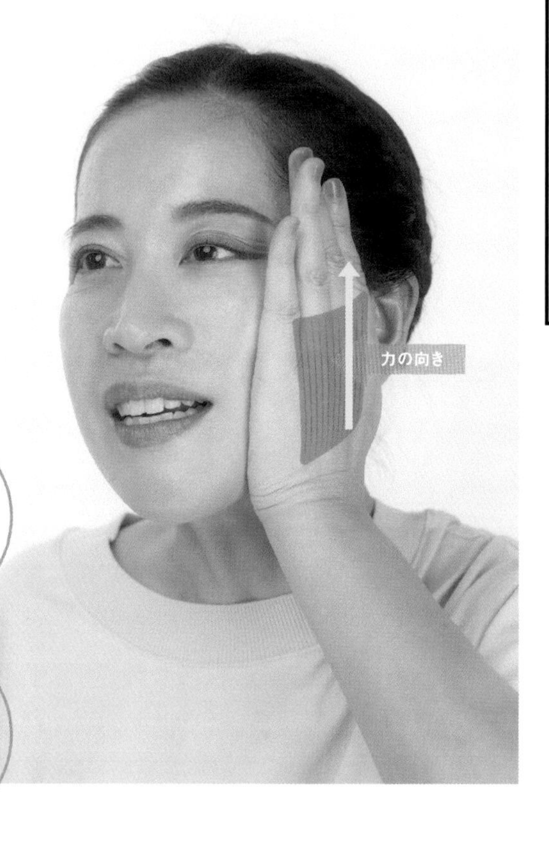

押し込んで
10秒

10秒
かけて
引き上げる

咬筋（頬骨弓とえらの間にある筋肉）に手のひらを押しあて、顔の芯にぐっと圧をかけます。その状態で10秒キープしましょう。圧をかけたまま、咬筋を上方向へ引き上げて、さらに10秒キープしてください。肌をこすらないように、最後は側頭部に向かってそっと手を放します。

2. 側頭筋(そくとうきん)をななめに引き上げながらキープ

親指以外の4本の指で、側頭筋全体をおさえ、ななめ上に引き上げます。このとき、親指で後頭部を支えると安定します。目尻を上に伸ばすイメージで引き上げて、最後の2秒くらいで、側頭筋をなでるように指を後方へ移動させ、そっと手を放しましょう。

全ステップを達成したら、
こんなにもすっきり顔に！

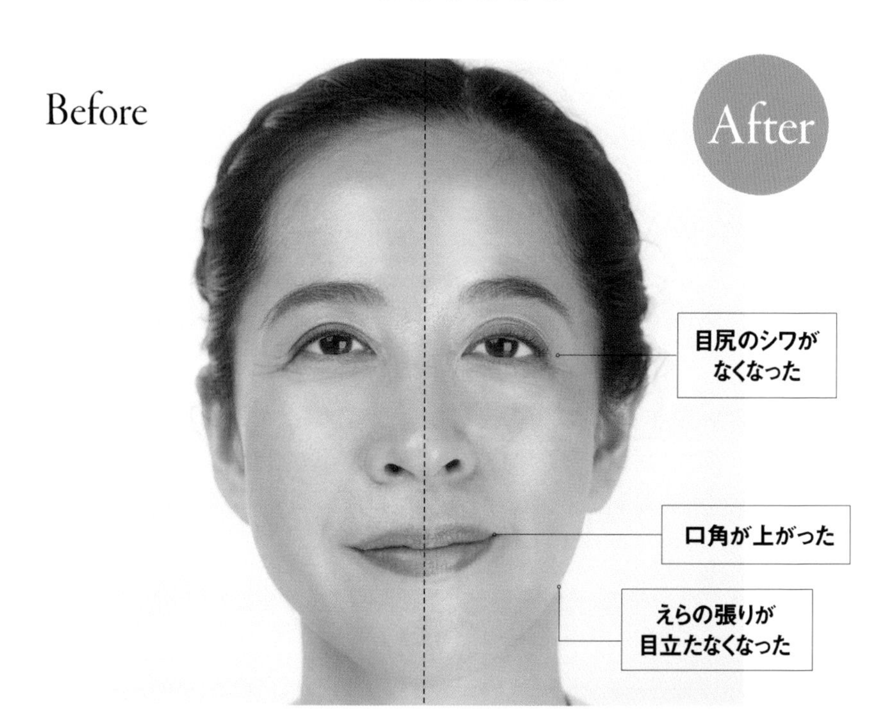

10分ほどかけて、一連のトレーニングの撮影をしたところ、なんとこんなにも変化が！　さわっていた顔の半分は、口角が上がってほうれい線が薄くなり、さらにはフェイスラインもキュッと上がっています。さわっていないほうの顔と比べると、頬に立体感とメリハリも生まれ、光がきれいに当たっているのがわかります。

私はこのトレーニングを長年の習慣にしているので、少しさわるだけで顔のプロポーションが変わります。もともとの骨格や凝りの具合によって変化には個人差がありますが、まずは1週間から2週間、トレーニングを続けていただけたら、始める前と顔の印象が変わったことを実感できるはず！

Q. 継続できるか不安……。どうすれば？

つらい、きついと思いながら取り組むと、続けることが億劫になり、変われるチャンスを手放してしまうことにもなりかねません。**楽しみながら取り組むことが、何よりも大切**です。私からおすすめしたいのは、Before/Afterの写真を毎日撮ること。顔の形や印象の変化を実感できれば、モチベーションが上がります。また、家族や友人に宣言をしたり、一緒にチャレンジしたりするのもいいと思います。16ページと52ページの「老け見え」セルフチェックは、皆さんで楽しく活用していただけるはず。また、スキンケアのあとや入浴後など、普段の習慣とセットにすると、より取り入れやすいと思います。血行がよくなるお風呂上がりは、筋肉を動かしやすくなるのでトレーニングにうってつけの時間といえるでしょう。

A.

- ✓ **毎日写真を撮る**
- ✓ **周囲にオープンにする**
- ✓ **家族や友人と一緒にやってみる**
- ✓ **ルーティン化する**（ゆるくてもOK！）

深部の凝りにピンポイントで圧をかけられるフェイスポインターを活用するのも手。気になる部分にプッシュするだけで、筋膜との癒着をゆるめ、頑固な凝りをほぐせます。

Column 1

美人かどうか、は
輪郭で決まる

人の顔を見るとき、

最初に目がいくのはどこだと思いますか？

目元だと思われがちですが、**答えは輪郭**。

人が第一印象で捉えるのは、

目などのパーツではなく、全体のフォルムなのです。

たるみによって輪郭がぼやけていたり、

こめかみ部分がへこんで“へちま形”になっていたりすると、

違和感を与えてしまい、ひとつひとつの

パーツが印象に残りにくくなることがあります。

まずは、**細部よりも大きなパーツから**。

輪郭や顔の立体感から変えていきましょう！

PART 3

「悩み別 成形（リモデ）メソッド」

DEEP WORKOUT

応用編

目の下のたるみやマリオネットラインに、輪郭くずれ……。
エイジングサインの気になるパーツやたるみ方は千差万別。
この章では、サロンでも相談を受けることの多い
悩みに特化したメソッドを紹介します。

Self Check

「老け見え」セルフチェック ②

すでに自覚している悩みと、この先目立ってくるかもしれない「たるみ予備軍」を整理しましょう。
末尾に示したページをめくれば、悩みに合ったメソッドをすぐに確認できます。

すでにたるみが起きている
鏡を見てわかる悩み

- ✓ 1 輪郭くずれ → P56へ
- ✓ 2 輪郭の左右差 → P58へ
- ✓ 3 二重あご → P60へ
- ✓ 4 えら張り → P62へ
- ✓ 5 頬のコケ → P64へ
- ✓ 6 マリオネットライン・口角下がり → P66へ
- ✓ 7 鼻の下の伸び → P68へ
- ✓ 8 ゴルゴライン → P70へ
- ✓ 9 眉間のシワ → P72へ
- ✓ 10 額のシワ → P74へ
- ✓ 11 まぶたのたるみ → P76へ
- ✓ 12 目の下のクマ・たるみ → P78へ
- ✓ 13 目が小さい → P80へ

これからたるみが生じるかも!?
日頃の習慣やクセ

✓ 口数が少ない
✓ 人と話す機会が減った
✓ ぼそぼそとしゃべる
→ 鼻の下の伸び予備軍　P68へ

✓ 笑う機会が少なくなった
✓ 無表情でいることが多い
→ ゴルゴライン予備軍　P70へ
→ 目の下のクマ・たるみ予備軍　P78へ

✓ ストレスや悩みごとをためやすい
→ 眉間のシワ予備軍　P72へ

✓ モノを見るとき目を細めてしまう
✓ 合わない眼鏡やコンタクトを使っている
✓ 老眼が始まった
→ 額のシワ予備軍　P74へ

✓ 目が疲れている
✓ PCやスマホを使う時間が長い
✓ 頭の後ろがかたくなっている
→ まぶたのたるみ予備軍　P76へ

✓ お酒をよく飲む
✓ むくみやすい
→ 輪郭くずれ予備軍　P56へ
→ 二重あご予備軍　P60へ

✓ 片側で噛むクセがある
✓ 歯ぎしりがなおらない
→ 輪郭の左右差予備軍　P58へ

✓ 食いしばりグセがある
→ 輪郭の左右差予備軍　P58へ
→ えら張り予備軍　P62へ
→ マリオネットライン・口角下がり予備軍　P66へ

✓ 急激なダイエットをした
✓ かたい食べ物が苦手で避けている
✓ 歯にトラブルがある
→ 頬のコケ予備軍　P64へ

✓ 口元に力が入りにくくなった
✓ 笑うと顔が引きつる
✓ よく噛まずに食事をする
✓ 肩凝りに悩んでいる
→ マリオネットライン・口角下がり予備軍　P66へ

How to

―このパートの使い方―

悩み別に効果的なトレーニングを紹介します。PART2でお伝えした基本のメソッドに加えていただければ、より理想の顔プロポーションに近づけるはず。さまざまな筋肉を動かすので、ここでも30ページで命名した**①働き筋、②輪郭筋、③ウインク筋、④スマイル筋**の4つを活用して説明をしていきます。また、この章では悩みに特化した手技をお見せしたくて、「ゆるめる」「きたえる」「成形（リモデ）する」の3ステップすべてを踏めていないものもあります。PART2の手技と組み合わせたり、複数の悩み別メソッドを組み合わせたりして、**自分だけの筋トレメニューを自由にアレンジして**いただけたら、と思っています。

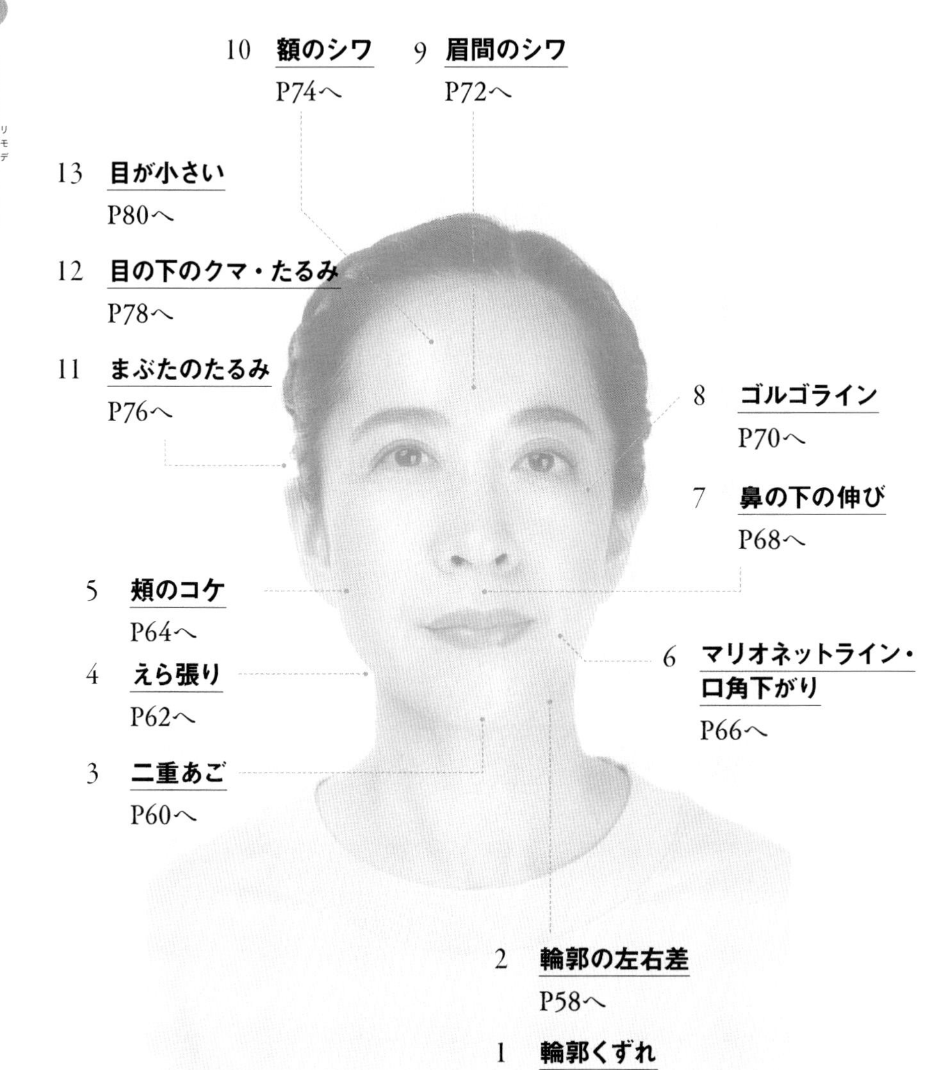
10 額のシワ
P74へ
9 眉間のシワ
P72へ
13 目が小さい
P80へ
12 目の下のクマ・たるみ
P78へ
11 まぶたのたるみ
P76へ
8 ゴルゴライン
P70へ
7 鼻の下の伸び
P68へ
5 頬のコケ
P64へ
4 えら張り
P62へ
6 マリオネットライン・口角下がり
P66へ
3 二重あご
P60へ
2 輪郭の左右差
P58へ
1 輪郭くずれ
P56へ

Deep Workout 1

輪郭くずれ

表情筋の衰え、皮膚のハリと弾力の低下、脂肪の蓄積。この3要素がそろうと、
たるみが重力に逆らえなくなり、輪郭がくずれて下垂します。
リンパのつまりを解消してから、しぶといたるみにアプローチするのが正解です。

ゆるめる

1. 鎖骨を指ではさみ、左右に動かす

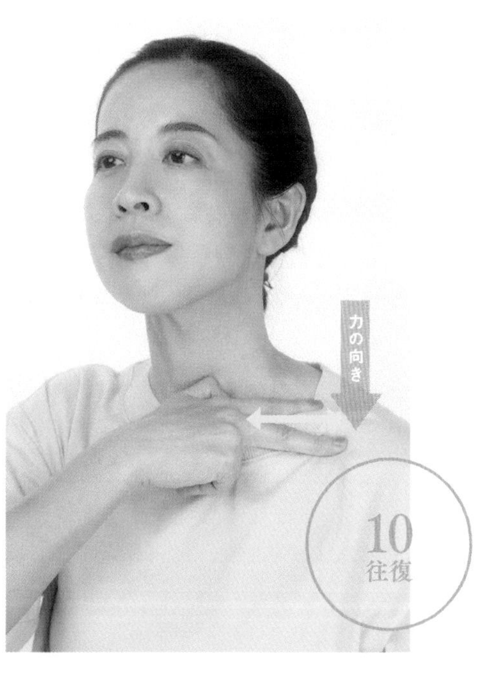

ゆるめる

2. あご下に第二関節を入れて上下に動かす

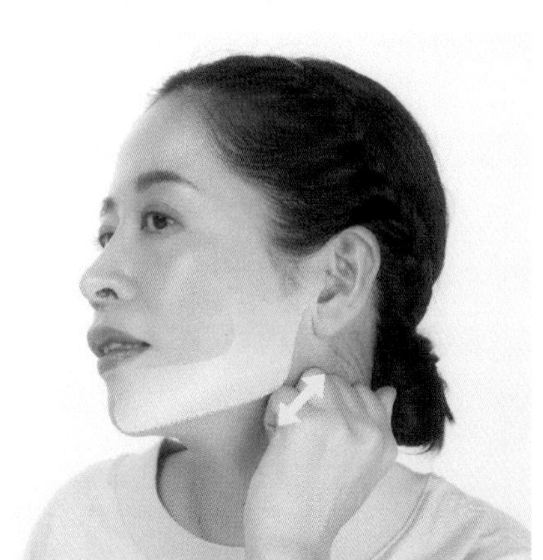

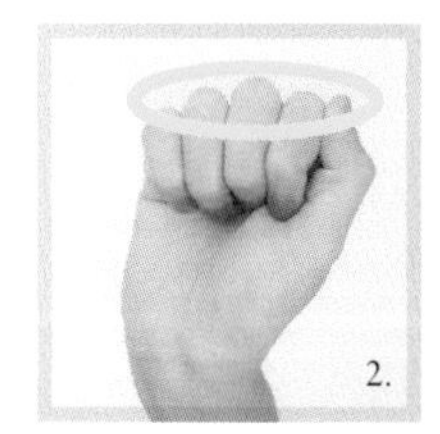

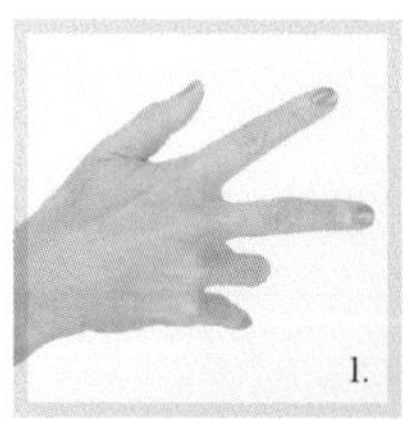

1.人さし指と中指で鎖骨をはさみ、体の深部に圧をかけながら、指を左右に動かします。10往復揺さぶって、鎖骨周りのリンパのつまりを解消していきましょう。2.輪郭のたるみをあご下に収納するため、あごの下で癒着した筋肉をほぐす必要があります。握った拳の第二関節を下あごの骨のキワに入れ込み、上下に動かしていきます。

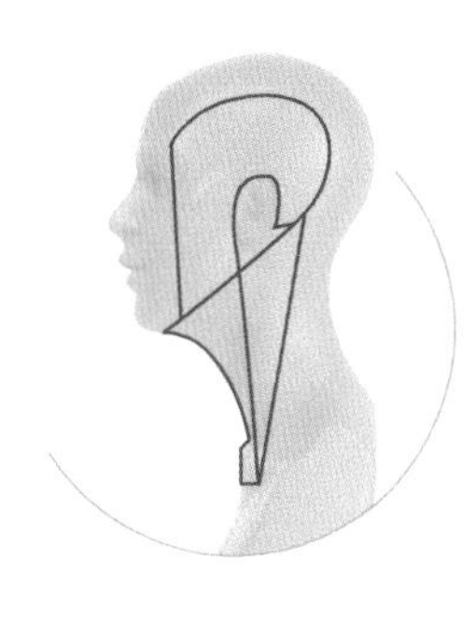

動かす筋肉はここ!

輪郭筋

ゆるめる

3. 首にある筋肉をつかんで上下に動かす

成形（リモデ）する

4. あごの下のたるみを耳の後ろ→鎖骨へ流す

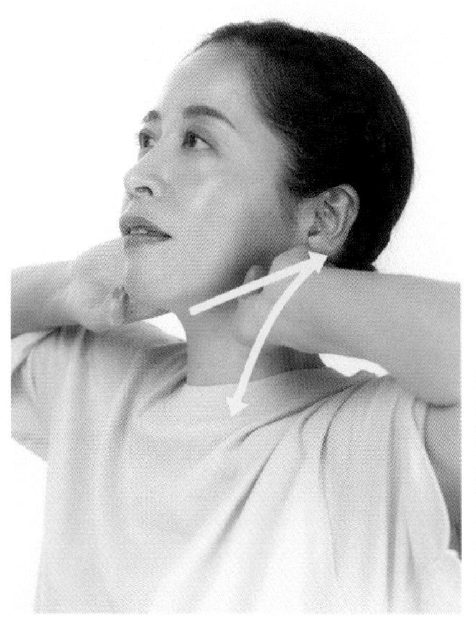

3.耳の後ろから鎖骨につながる筋肉をゆるめて、滞ったリンパを流します。首を傾けたときに浮き上がる縦長の筋肉（胸鎖乳突筋）を、反対側の手でつかんだら、上下に動かしてください。4.あごの下にたまったたるみをまとめて、耳の後ろへと流します。そのあと、鎖骨に向かって手を下ろします。不要なたるみや老廃物をすべて流すイメージで行いましょう。

Deep Workout 2

輪郭の左右差

片側の歯ばかり使ったり、歯ぎしりや食いしばりグセがついたりしている人は、
フェイスラインが左右非対称になりやすいので要注意。
バランスよく成形(リモデ)するためには、「ゆるめる」準備運動が肝心です。

ゆるめる

1. 輪郭筋の中心部(咬筋(こうきん))をつかむ

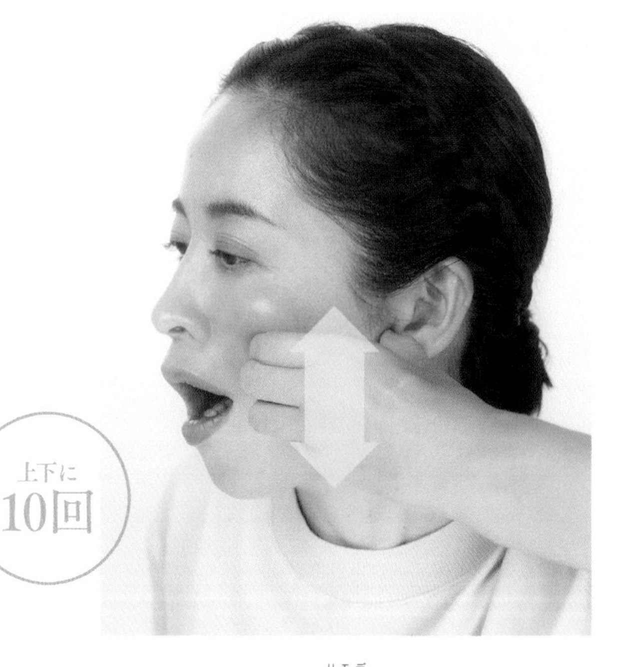

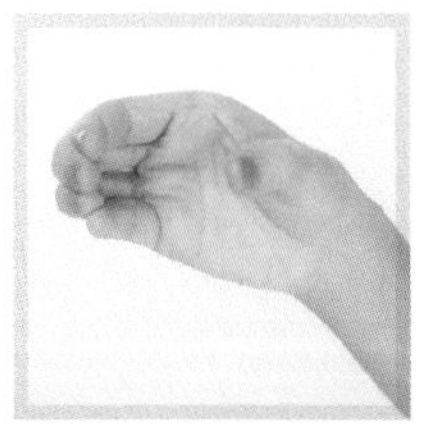

フェイスラインを成形(リモデ)しやすくするために、輪郭筋をしっかりとゆるめましょう。頬の筋肉を奥からつかんだら、「あー」と言いながら上下に大きく動かします。

POINT

「あー」と
言いながら

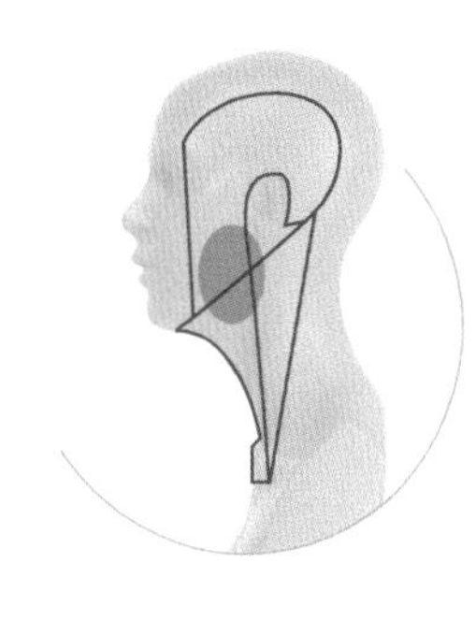

動かす筋肉はここ!

輪郭筋

ゆるめる

2. 頬にらせんを描くように拳を動かす

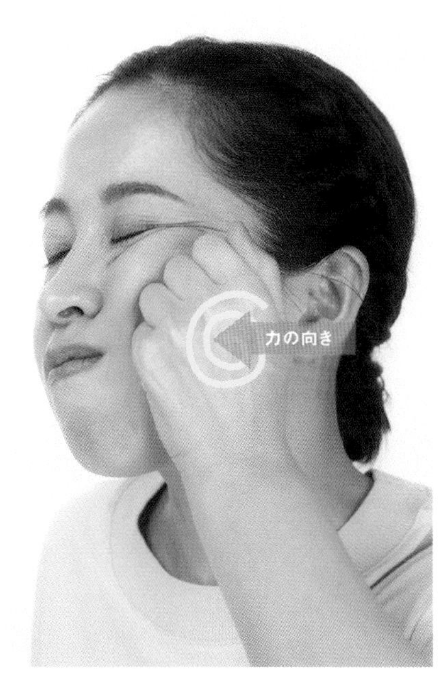

拳の平らな面で、頬の中心部を捉えて回します。大切なのは、顔の奥に圧をかけながら行うこと。10秒間グルグルとらせんを描いて、輪郭筋の凝りをさらにゆるめましょう。

Deep Workout 3

二重あご

下がった皮膚や脂肪のたまりやすいあごは、たるみ劣化が目立ちやすい箇所。
太っていないのに、あご周りのもたつきが気になるという方も多いです。
指を骨のキワに深く入れる「ゆるめる」工程がポイント。

ゆるめる

1. 下あごの骨のキワに親指を入れ込み、左右に動かす

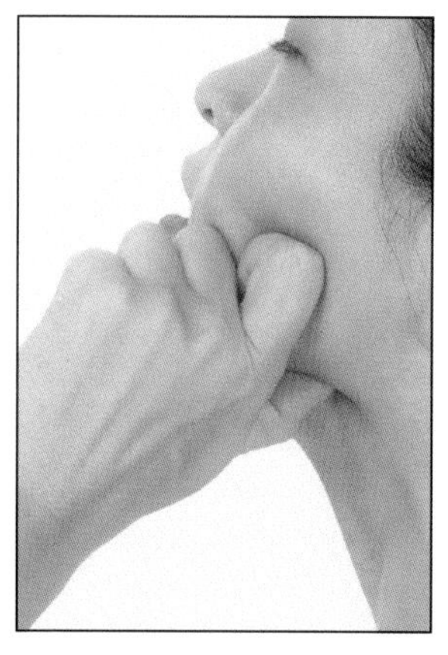

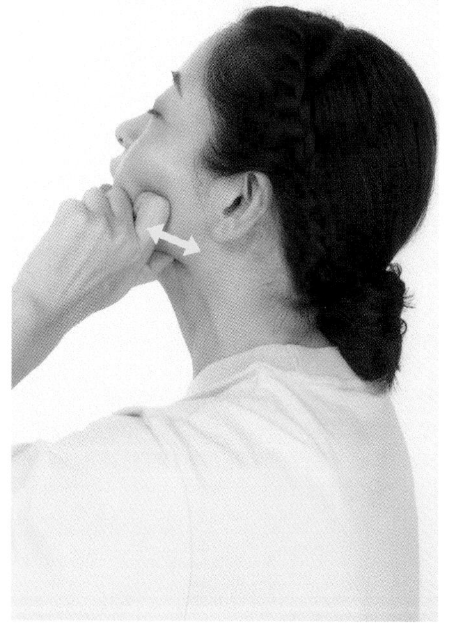

POINT

あごを少し上げて
行うとやりやすい

下あごの裏側、骨のキワに親指を奥まで入れ込みます。そして、左右に動かして癒着をはがしましょう。親指を骨のキワにめり込ませるとき、折り曲げた人さし指を頬にあてて支えにすると動かしやすいです。

成形(リモデ)する

3. 圧をかけたまま後方へ抜く

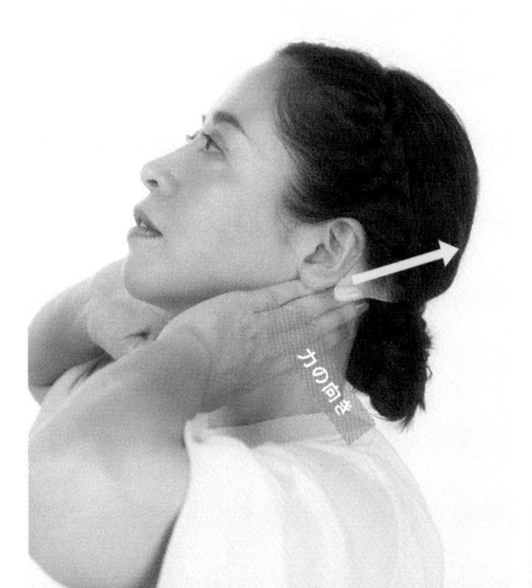

指の腹に力を入れたまま、手を後方に動かしてたるみを流します。あごを上げてピンと張り、フェイスラインを後ろに引くイメージで行うと、あご周りがすっきりとシャープに整います。

ゆるめる

2. 乳様突起(にゅうようとっき)の下に指を置き、らせんを描くように動かす

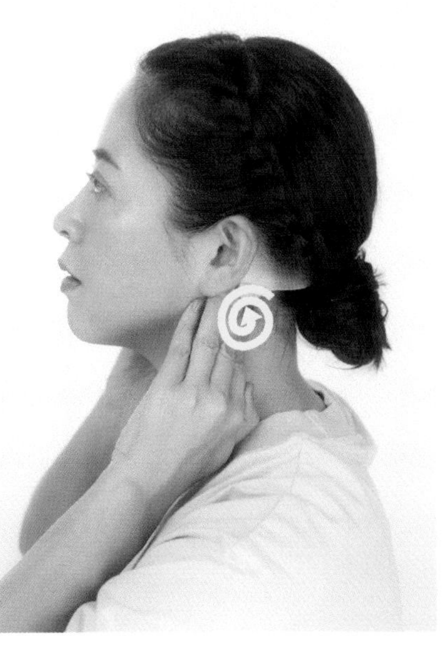

耳の後ろに突出した骨（乳様突起）の下に、人さし指、中指、薬指をあてて、筋肉の深部を押し込みます。圧をかけたまま、クルクルと小さならせんを描いて、つまりをほぐしましょう。

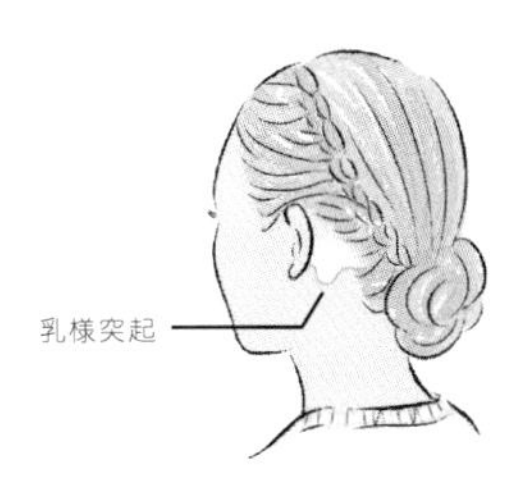

Deep Workout 4

えら張り

骨格が原因のこともありますが、筋肉の凝りによってえらが目立って
しまっている場合も。輪郭筋のひとつである咬筋が、下あごの骨に
癒着していると考えられるため、しっかりとゆるめてほぐすことが重要です。

ゆるめる

1. 第二関節をえらにあてて左右に動かす

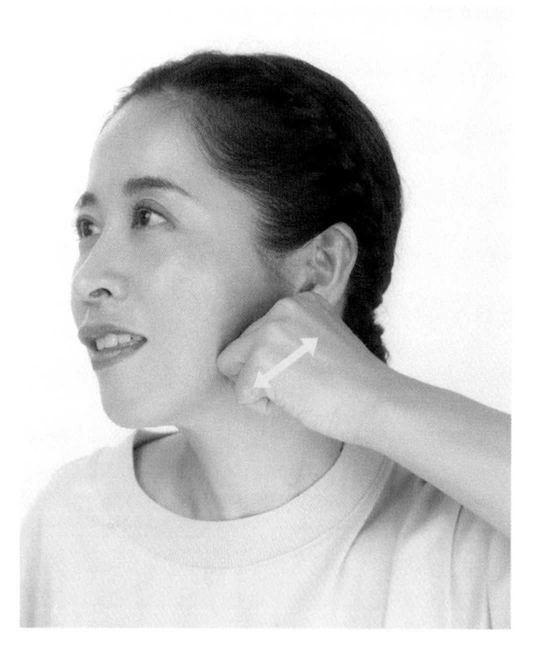

下あごの骨とえらの真上にある筋肉（咬筋）との癒着をはがすため、下あごのキワに第二関節をあて、左右にグリグリと動かします。関節は左右に動かしながら、圧は顔の奥にかけて、深部へアプローチをしていきましょう。

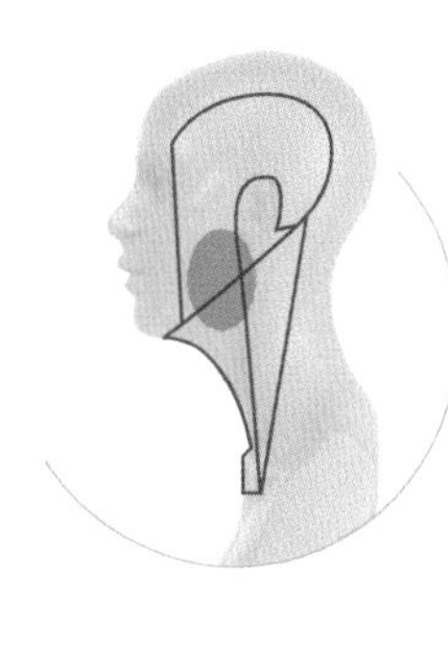

動かす筋肉はここ!

輪郭筋

成形(リモデ)する

2. はがしたたるみを輪郭の内側にしまい込む

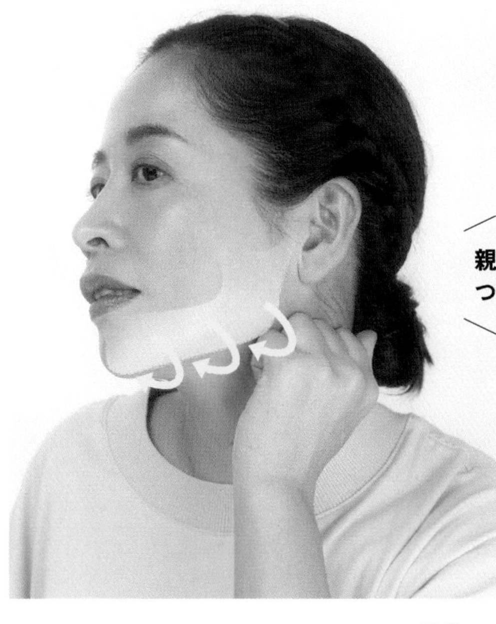

親指と人さし指でつまんで入れてもOK

1でゆるめた筋肉を、あごの下にしまい込んで成形(リモデ)します。第二関節を使って、あご下の空きスペースに不要なたるみを入れ込みしょう。このとき、あご下から鎖骨にかけての筋肉にこわばりがなく、すっきりしていることが前提。

Deep Workout 5

頬のコケ

筋膜と脂肪がやせ細り、頬のボリュームが少なくなることが頬のコケの原因。
顔に奥行きをつくりたいため、ほかの「たるみ帳消し」メソッドのように
上に引き上げるのではなく、横に引き伸ばして成形(リモデ)する必要があります。

きたえる

1. 頬に空気を入れながら横に引き伸ばす

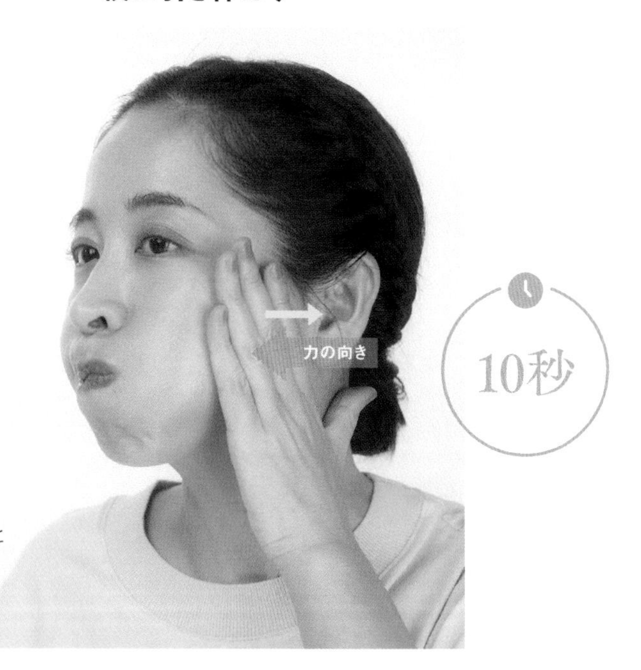

POINT

肌に摩擦を
与えないように、
深部に圧をかけること

きたえる片側の頬をめいっぱいふくらませます。頬をふくらませたまま、頬の下方に手を置き、4本の指の腹で顔の深部を捉えて横に引き伸ばします。肌の表面をこするのはNG。筋肉ごと横に動かしましょう。

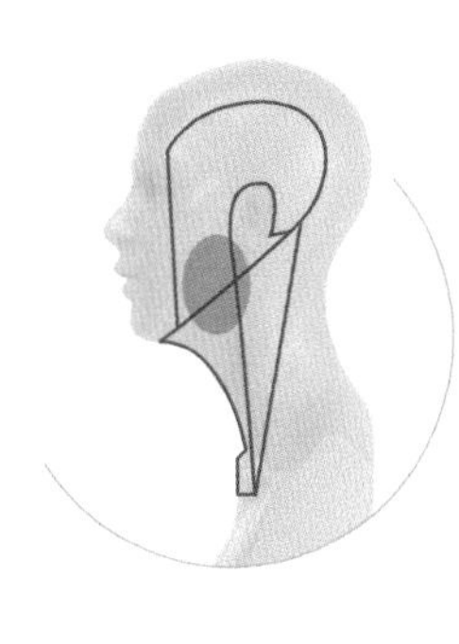

動かす筋肉はここ!

輪郭筋

きたえる

2. 奥歯を噛みしめながら横に引き伸ばす

耳の横に手のひらを添え、奥歯をぐっと噛み締めます。このとき、輪郭筋の下方、えら部分に存在する咬筋がふくらみます。手のひらで咬筋をしっかり捉えたら、奥に圧をかけながら横へ動かしましょう。

Deep Workout 6

マリオネットライン・口角下がり

ほうれい線の延長線上にできるマリオネットライン。口角の脇から伸びる
深いシワが、腹話術人形に似ていることからこう呼ばれます。マリオネットラインが
深くなると、たるみがあご下に移動してフェイスラインがぼやける恐れも。

ゆるめる

1. マリオネットラインに 第二関節を入れ込みグリグリ

人さし指の第二関節をマリオネットライン
に入れ込みます。顔の奥に圧をかけながら、
左右に小刻みに動かしましょう。

POINT 指の関節をめり込ませる

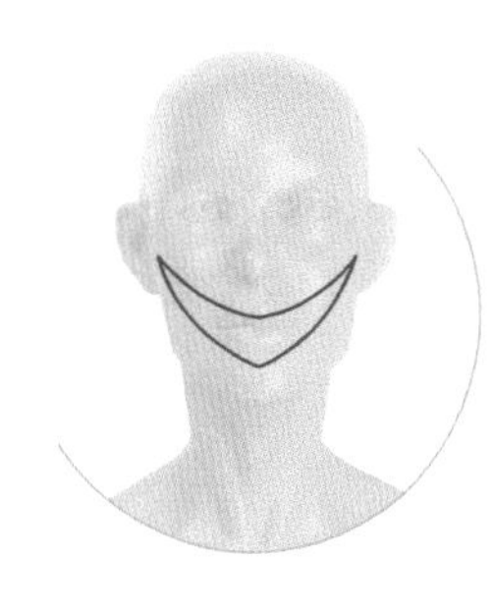

動かす筋肉はここ!

スマイル筋

きたえる

2. 口角に中指を入れて引き上げる

口を軽く閉じ、唇の両脇部分に中指を入れ込み、ななめ上方向へギュッと引き上げます。口角を上げたまま、10秒間キープしてください。

Deep Workout 7

鼻の下の伸び

鼻の下（人中)の伸びは、口元の筋肉が衰えて、唇が薄くなってしまうことが
原因です。そのため、鼻の下の凝りをゆるめるだけでなく、
唇のトレーニングも同時に行う必要があります。

ゆるめる

1. **鼻の下に円を描くように第二関節を動かす**

ゆるめる

2. **入れ込んだ人さし指を外へ流す**

1.
2.
10秒

1.人さし指の第二関節を人中にあてて、クルクルと小さく円を描きます。2.10秒間ゆるめ終えたら、第二関節に力を入れたまま、指を真横に引いていきます。最後はすっと放しましょう。

きたえる

3. 指でサポートしながら唇をとがらせる

POINT

上唇を前に出すことを意識して

唇と垂直になるように人さし指を添え、指に力を入れることで唇を前へと押し出します。このとき、上唇をしっかりと前に出すことを意識するのがポイントです。

Deep Workout 8

ゴルゴライン

目頭の下から頬に向かってななめに伸びる、へこみや溝のこと。目元の筋肉が衰えたり、周辺の皮下脂肪が少なくなったりすると目立ちやすくなります。頬のたるみを引き上げて、目の下のボリュームを取り戻しましょう。

成形（リモデ）する

1. 上唇の上の筋肉を真上に持ち上げる

10秒キープ

成形（リモデ）する

2. 小鼻横の筋肉を目の下に向かって持ち上げる

10秒キープ

1.上唇の上を中指と薬指で押さえながら、上方向に持ち上げます。その状態で10秒キープ。2.小鼻の横に人さし指もしくは中指をあててハの字をつくったら、目の下に向かって10秒間持ち上げましょう。目の下のくぼんだところに引き上げた筋肉を入れ込むイメージです。

POINT 黒目の下に向かってぐいーっと引き上げて

POINT 鼻をすすりながら行うと効果的

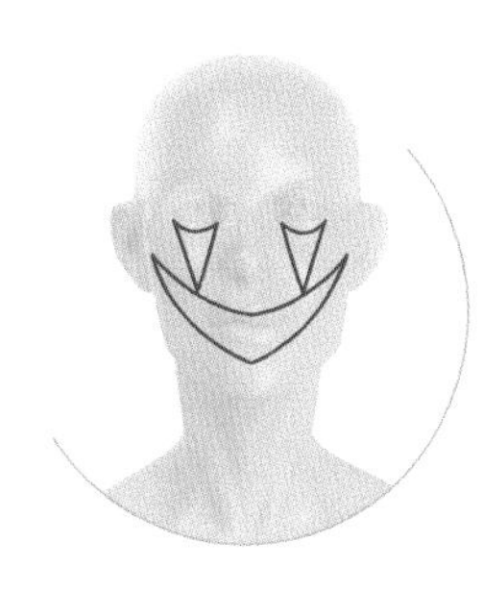

動かす筋肉はここ!

ウインク筋

スマイル筋

成形(リモデ)する

3. スマイル筋をななめ上へ引き上げる

指の腹を頬にあててV字をつくったら、顔の奥に圧をかけます。最初の5秒で奥へと押し込み、残りの5秒でななめ上へとゆっくり引き上げます。このとき、ゴルゴラインが横向きになるように意識しましょう。

Deep Workout 9

眉間のシワ

顔の外側の筋肉が動いていないせいで、中央にある眉間にシワができるという仕組み。内側にクセづいた筋肉の動きを、外側へと戻す意識が必要です。眉間をさわると、余計に悪いクセがついてしまうので注意。

きたえる

眉尻の流れに沿って ななめ下に引く

口角を上げて笑顔をつくったら、笑顔をキープしたまま、眉尻の下に親指以外の4本の指を押しあてます。顔の奥に圧をかけながら、ななめ下方向へ引きましょう。顔の外側を引き伸ばし、眉間にシワが入らない状態をキープすることが大切。このときの筋肉の動かし方を覚えてクセづければ、眉間のシワを薄くすることができます。

Column 2

眉間のシワは
表情グセが原因です

顔をしかめたり怒った表情をしたり……、

目の周りの筋肉を過剰に収縮させることが

眉間のシワを深くする主な原因です。

眉間にシワを寄せる偏った筋肉の使い方をすることで、

目の周りの筋肉（眼輪筋）や口角からこめかみまでをつなぐ

筋肉（大頬骨筋）の**可動域が狭くなり**、

結果として、ほかのパーツのたるみ劣化を

進行させてしまう可能性も……。

外側部分の筋力強化には、笑顔が一番！

つくり笑いではなく、本気笑いです。

思いっきり口角を上げて、目を細めてたくさん笑いましょう。

筋肉がきたえられて、眉間のシワも寄りにくくなります。

Deep Workout **10**

額のシワ

後頭部の筋肉（後頭筋）が硬直し、連動している前面の筋肉（前頭筋）に影響を及ぼすことで生じます。額は目の筋肉ともつながっているので、
76ページから紹介する、目元のトレーニングと合わせて行うのもおすすめです。

ゆるめる

1. 親指でらせんを描くように後頭部をグリグリ

ゆるめる

2. 第二関節で額全体をグリグリ

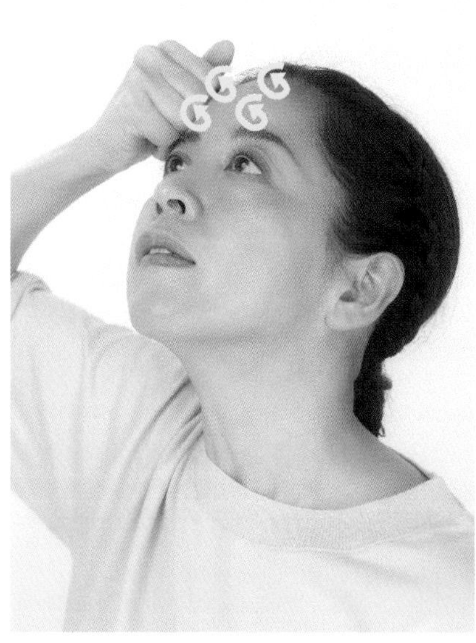

1.後頭部の底面部分（耳裏から5㎝くらいのところ）にある筋肉に、親指の腹をあて、奥に圧をかけながら小さならせんを描くように回しましょう。2.後頭部の筋肉をほぐしてから、額をゆるめていきます。第二関節を額にあてて、少し痛いくらいの圧をかけながら全体をグリグリとゆるめていきましょう。

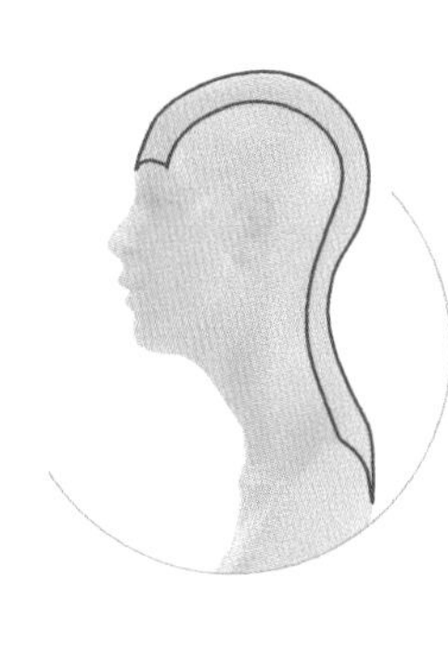

動かす筋肉はここ！

働き筋

成形(リモデ)する

3. 働き筋の後方へ 額をぐっと引き上げる

ゆるめた額を今度は上方へと引き上げて、成形(リモデ)します。眉の上から生え際まで、拳の平らな面を押しあてながら後方へ流します。10秒かけてゆっくり行いましょう。

Deep Workout 11

まぶたのたるみ

まぶたが重く垂れ下がる原因は、額の筋肉が衰えているから。そのため、
やみくもに目元をきたえても効果は期待薄。まずは額に位置する
働き筋の凝りをゆるめてから、まぶたのトレーニングを行うことが近道です。

ゆるめる

1. 眉山の上から生え際までを第二関節でグリグリ

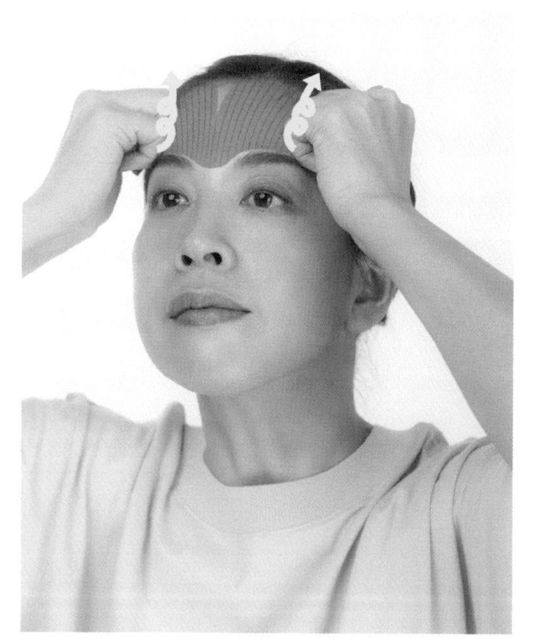

働き筋と輪郭筋の接する部分がつまっているため、凝りをほぐしましょう。第二関節を働き筋のキワへと食い込ませて、生え際に向けて小さならせんを描くようにゆるめます。頭がすっきりと軽くなるのを実感できるはず。

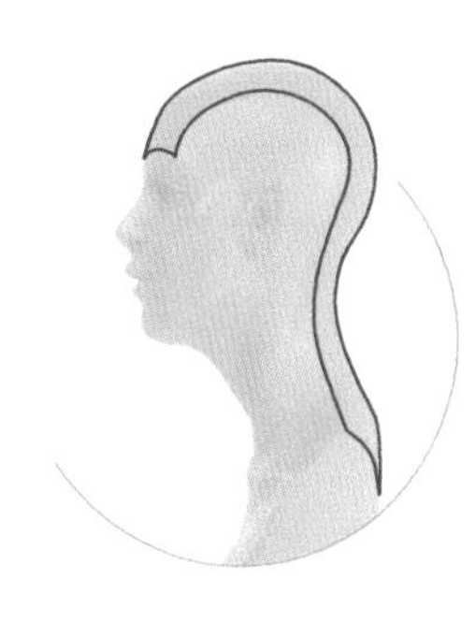

動かす筋肉はここ！

働き筋

きたえる

2. 眉をつまんで左右に動かす

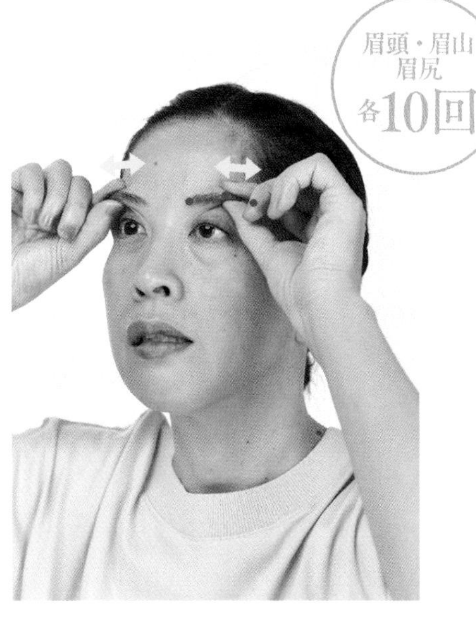

眉頭·眉山·眉尻の3カ所に分けてトレーニングを行います。親指と人さし指で眉頭をつまんだら、左右に小刻みに動かしましょう。同様の動きを眉山と眉尻にも行ってください。

POINT 眉頭・眉山・眉尻の3カ所に分けると◎

成形(リモデ)する

3. 眉尻を引き上げてキープ

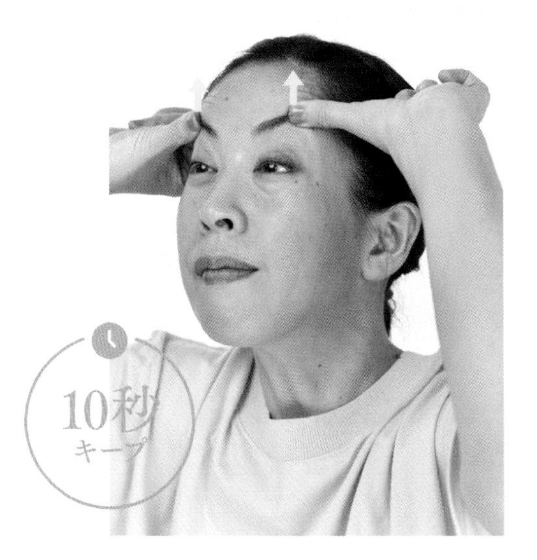

最後に、眉尻の下の骨のくぼみに親指を置き、下がったまぶたを引き上げて成形(リモデ)していきます。その状態を10秒間キープしてください。

Deep Workout 12

目の下のクマ・たるみ

目元の筋肉の力が弱くなっている状態。まぶたの下にたまったたるみを
引き上げて、ピンと伸ばすトレーニングを行いましょう。強めにまばたきをして
目の周りを囲む筋肉をきたえれば、若々しい印象に変われます。

きたえる

まばたきを
10回

1. 目の下のたるみを引き上げながら まばたきをする

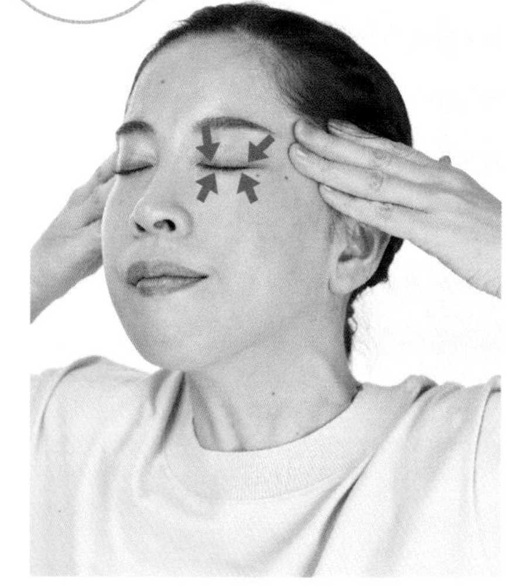

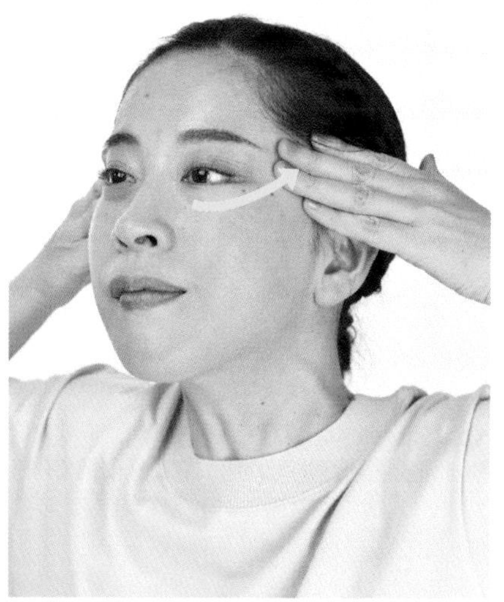

親指以外の指をこめかみ部分に添えます。顔の奥に圧をかけながら、目元のたるみをななめ上へと上げましょう。引き上げながら、ゆっくりと目を閉じます。「閉じる→開ける」を10回行ってください。

POINT

目を閉じるときはやや強めに

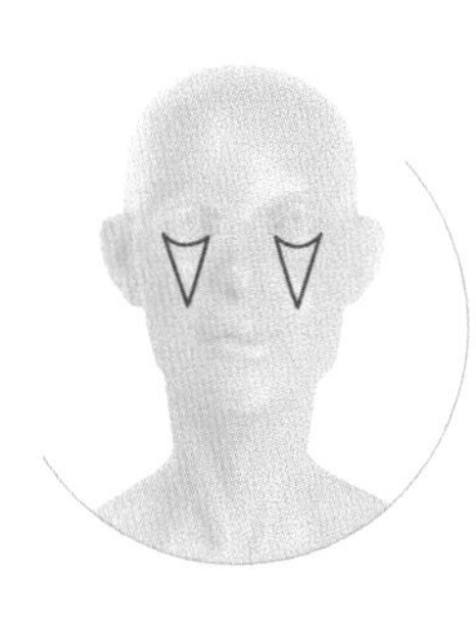

動かす筋肉はここ!

ウインク筋

成形(リモデ)する

2. 下まぶたの骨のくぼみにたるみを入れ込む

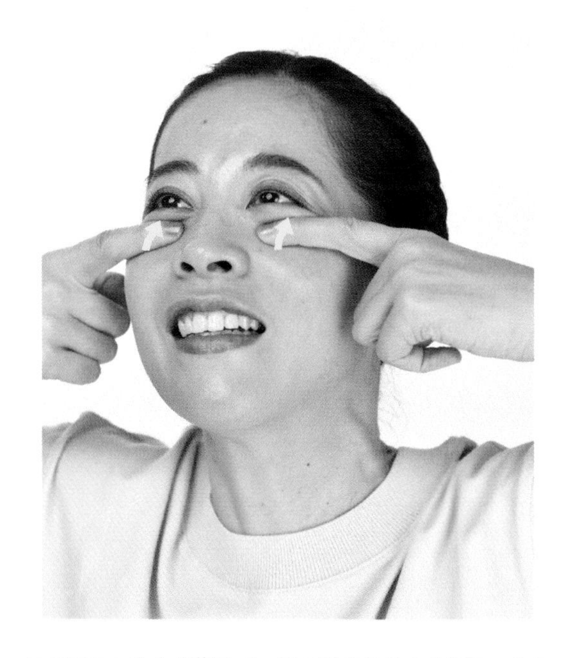

目の下のたるみを集めて、目の周りの骨のくぼみへと入れ込みます。目の下の骨の出っ張った部分に、人さし指の側面を沿わせ、内側に向かって指を半回転させます。目元の皮膚は繊細なため、力を入れずに行ってください。

Deep Workout 13

目が小さい

目の周りを囲んでいる筋肉が弱ってたるむことで、目が小さく見えたり、
目が開きにくくなったりします。目を「開ける→閉じる」の
簡単なトレーニングを続けていただくだけで、目力アップが叶います。

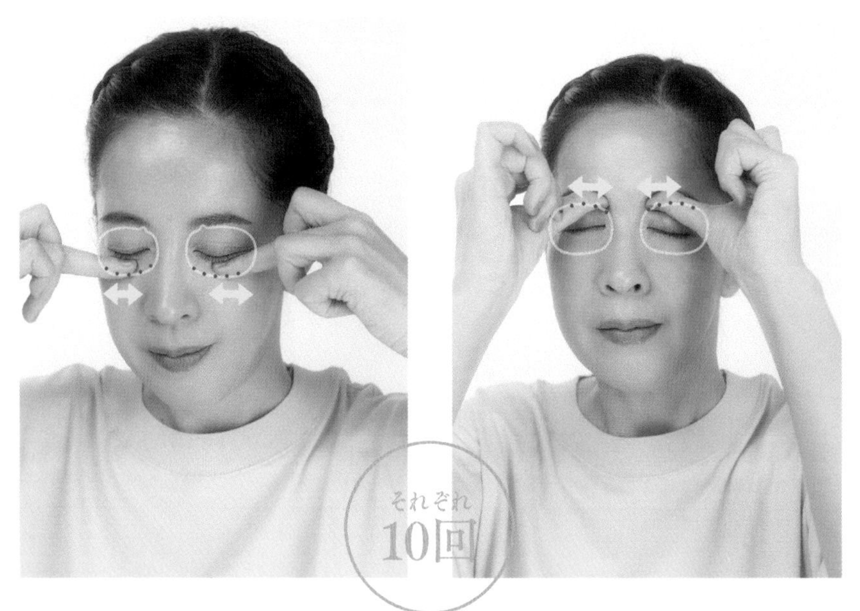

ゆるめる

1. 上まぶたの骨のくぼみに親指を引っかけて左右に動かす

上まぶたの周りを囲む骨のキワに親指の先端をあて、癒着をはがしていきます。5カ所に分けて、指を左右に小刻みに動かし、ひとつずつゆるめます。爪を短く切ってから行いましょう。

POINT　5カ所に分けて、小刻みに動かして

ゆるめる

2. 下まぶたの骨のくぼみを指の側面で左右に動かす

下まぶたも同様に、5カ所に分けてひとつずつゆるめます。上まぶたは骨のキワに親指を食い込ませたのに対し、下まぶたは人さし指の側面で骨のキワをなでるイメージで、左右に動かします。

ATTENTION!　繊細な目の周りはやさしく触れること

きたえる

3. 指でサポートしながら目を開ける→閉じるをくり返す

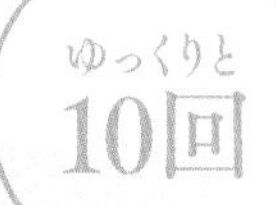

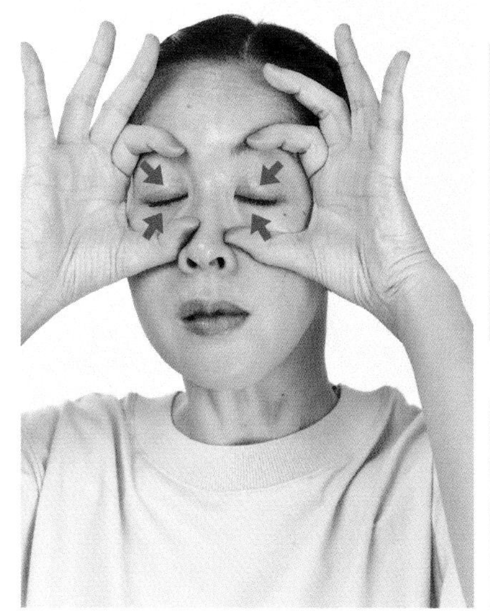

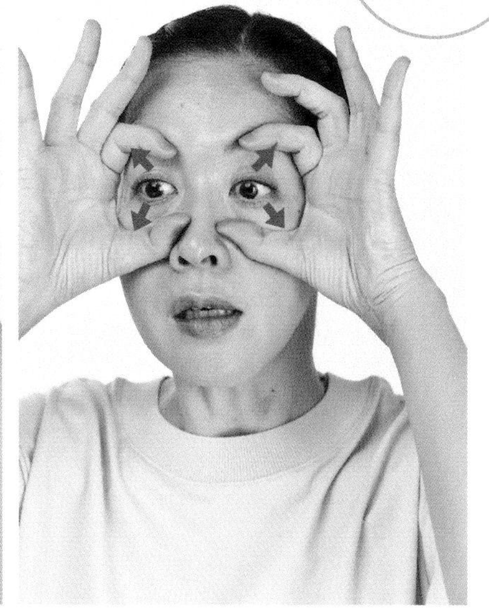

目の周りの骨の形に沿わせるように、親指と人さし指で輪っかをつくります。顔に指をあてた状態で、目をパッと見開いたら、ゆっくりと時間をかけて目を閉じましょう。10回くり返すと、筋肉の動きがスムーズになり、目を開きやすくなります。

Column 3

輪郭からトレーニングすべき、もうひとつの理由

第一印象で見られるのは輪郭だから、パーツではなく
まずは外側から変えるといいと*Column* 1ではお伝えしました。
それに加えて、輪郭からトレーニングを
するべき理由がもうひとつあります。
30ページで輪郭筋と名づけた顔の側面にある筋肉
（側頭筋、咬筋、広頚筋）は、ひとつひとつの
筋肉の面積が大きいのが特徴です。
癒着や凝りによって**輪郭筋にたるみが生じると、**
連動しているウインク筋やスマイル筋まで外側に
引っ張ってしまい、のっぺりとした平面顔に……。
また、顔の正面にある筋肉をゆるめて癒着を
取り除くことができたとしても、**輪郭筋がつまったままだと、**
たるみや老廃物を外へと流すこともできません。

だから、まずは外側に位置する筋肉から
アプローチすることをおすすめしています。

PART 4

5通りの「V字回復」たるみ消し

DRAMATIC CHANGE

「たるみ帳消し」筋トレを行い、大変身をとげた5名を紹介します。
Before／Afterを見比べたら、その変貌ぶりに驚くはず。
それぞれの悩みや顔タイプに応じて効果的なメソッドも
解説しているので、ぜひ参考にしてみてください。

「顔の上半身がたるんでいます……」

橋本智子さん

顔の上半分が老け見えする理由は、頭の筋肉がこわばっているから。
頭の筋肉と連動している額と目の周りの筋肉も引っ張られて硬直することで
目の下がたるんだ印象に。まずは頭の凝りをゆるめましょう。

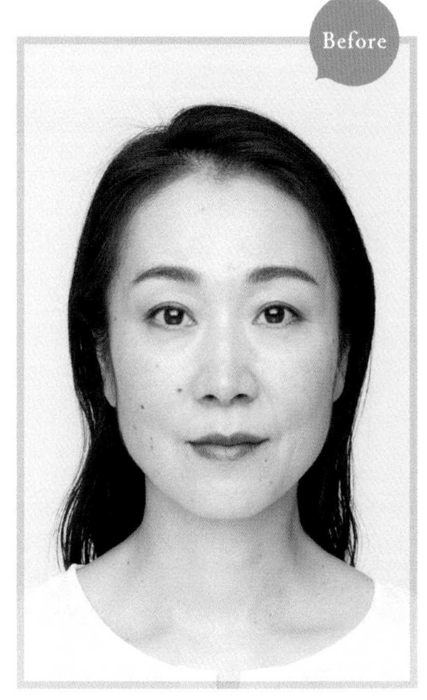

頬の頂点が上がってシャープな印象に

目がぱっちりと開き、いきいきとした表情に。頬の頂点が上がって顔の上半身にメリハリが生まれると、たるみ感が解消されて美人度がさらにアップ。凝りを丁寧にゆるめたら、頭の形もすっきりとしてシャープな見た目に。

ゆるめる

1. 後頭部をマッサージ

親指以外の4本の指の腹で後頭部(目の真裏あたり)をおさえ、らせんを描いて凝りをゆるめます。力加減は気持ちいいと感じるくらい。親指を耳の横に置いて支えにすると、残りの指に圧をかけやすくなります。

2. 働き筋と輪郭筋のキワをグリグリ

人さし指の第二関節を、働き筋と輪郭筋の境目部分に入れ込み、クルクルとらせんを描きます。最初はかたくて痛いですが、しばらく回すとやわらかくなっていくのを感じるはず。額が連動して動き出したらほぐれてきた合図。これだけで目が開けやすくなります。

Narumi's advice

額と目の周りの筋肉が衰えて、皮膚を支えきれなくなっていることが、顔の上半身たるみの原因。頭部の筋肉の癒着をはがし、凝りをゆるめて、空きスペースをつくりましょう。下がってしまった額と目元の皮膚をもとの位置へと戻してあげることが大切です。

きたえる

3. 額の頂点に向かって「上げる→放す」を10回

額のキワに手をハの字に置き、顔の奥に指で圧をかけながら、三角形をつくるように上に引き上げます。「グーッと上げる→そっと放す」を、テンポよく10回くり返しましょう。

成形(リモデ)する

4. 目の周りのたるみを上と後ろに伸ばす

片方の手をこめかみに置き、もう片方の手を耳の横に置きます。それぞれの手で顔の奥の筋肉を捉えて圧をかけたら、こめかみに置いた手は上に、耳の横の手は後方に動かします。10秒かけて行いましょう。

2

「輪郭のもたつきが長年の悩み」

三野村なつめさん

フェイスラインがたるみ、輪郭はぼんやり。リンパが詰まって、
むくみを排出できていないことが原因です。輪郭筋を集中的にゆるめて
顔の下半身のたるみを後方に流せば、すっきりとした印象に。

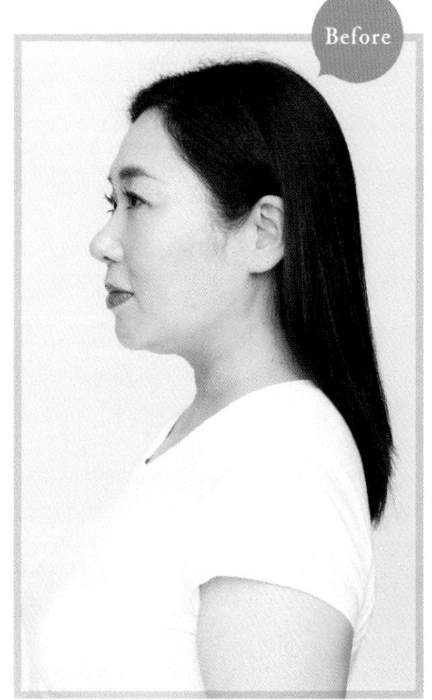

もたつきが解消されて輪郭がすっきり

あご下のもたつきがとれ、フェイスラインが復活。Beforeと比較すると、
Afterは首がほっそりと長くなったことがわかります。顔と首との境界線
がはっきりとすることで、横顔のプロポーションがより美しく変わります。

Narumi's advice

フェイスラインのむくみとたるみを取り除くには、リンパのつまりを流すことが重要です。輪郭筋をつかんで大きく動かすことで、筋肉の緊張をゆるめていきましょう。肩の力を抜いて、リラックスしながら行うのがポイントです。

ゆるめる

1. 頬の筋肉をつかんで上下に動かす

輪郭筋のひとつ、咬筋を指先でがっしりとつかんだら、力強く上下に動かします。口を開けた状態で、「上げる→下げる」を10回くり返せば、凝りがほぐれて頬の筋肉の可動域が広がります。

ゆるめる

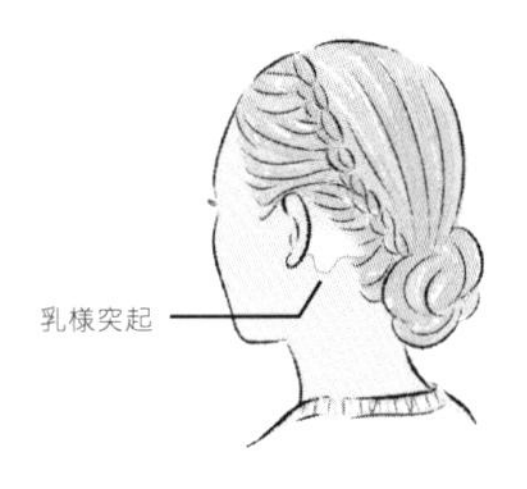

2. 乳様突起の下に力を入れながら後ろに引く

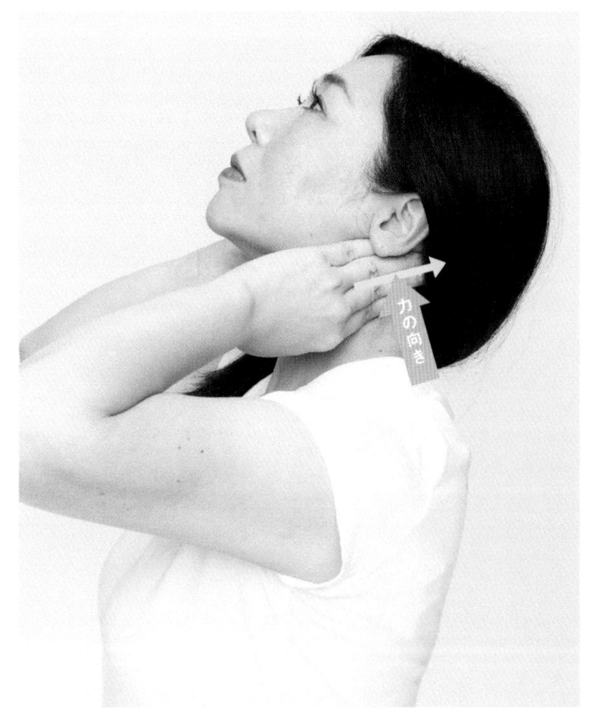

耳の後ろにある骨（乳様突起）の下に指先を置き、奥にグーッと圧をかけながら、後方へと流します。このとき、首を後ろに引いてあご先をピンと張ると、力を入れやすくなります。

ゆるめる

3. 首にある太い筋肉をつかみ、上下に動かす

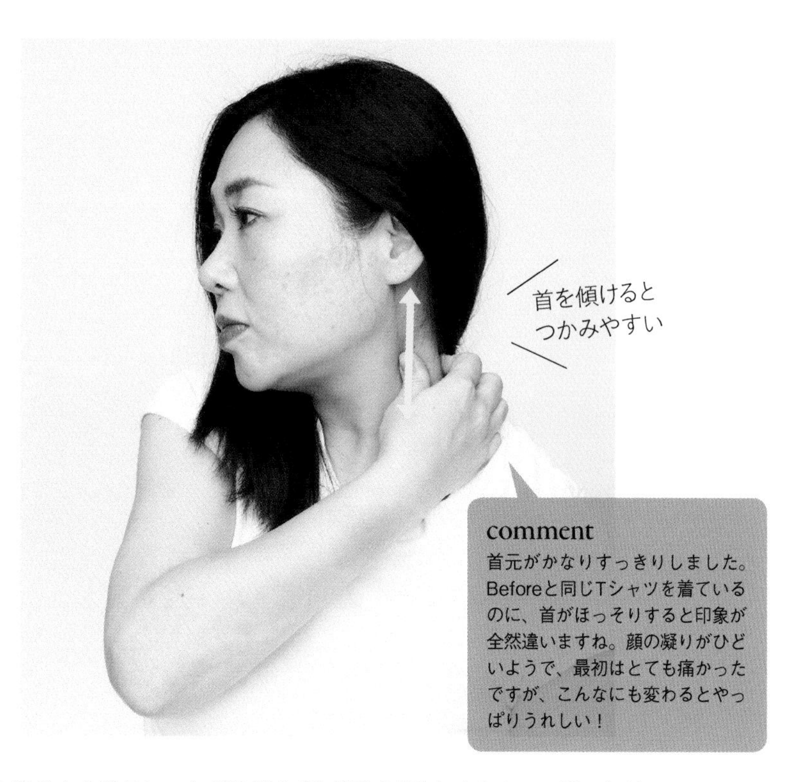

耳の後ろから鎖骨につながる筋肉（胸鎖乳突筋）をゆるめて、滞ったリンパを鎖骨の下へと流していきます。首を傾けたときに浮き上がる縦長の筋肉を反対側の手でつかんだら、上下に力強く動かしましょう。

3

「顔が大きく見える気がする……」

金丸真奈美さん

顔が大きく、ゴツゴツした印象に見えるという悩みの原因は、
スマイル筋のひとつ、大頬骨筋が発達して太くなってしまったから。
頬の内側の筋肉をきたえることで凹凸をならすというアプローチが効果的です。

頬の頂点に立体感が出てやさしく上品な雰囲気に

頬骨の周りの癒着がはがれたことで、ゴツゴツ感がなくなりました。さらに、頬骨の位置が上がると、鼻横にも適度なボリュームが出ます。光の当たる面積が増え、くすんで見えがちだった肌も明るい印象に。

Narumi's advice

真奈美さんの場合、スマイル筋のひとつ、大頬骨筋が発達しているだけでなく、頬骨の周りにたまった老廃物が、より骨ばった印象を与えていました。最初のゆるめる工程にじっくりと時間をかけて、不要なものをリリースしていきましょう。

ゆるめる

1. 頬骨をはさんで上下に揺らす

頬骨を人さし指と親指ではさみ、上下に動かします。頬骨の上に癒着した筋肉の凝りをはがし、凸凹をならすイメージで行いましょう。顔の芯からゆるめることを忘れずに。

きたえる

3. ウインク筋を持ち上げて10秒キープ

人さし指、中指、薬指を唇の横に置き、唇の上部に存在するウインク筋（上唇挙筋と小頬骨筋）を捉えて引き上げます。顔の奥に圧をかけながら10秒キープしましょう。

ゆるめる

2. 人さし指と親指で頬の内側をはさんで揺らす

黒目の下に置いた人さし指と、小鼻の横に置いた親指で、頬の筋肉をはさんでつかみます。筋肉の深部をしっかりと捉えた状態で、左右に5回、上下に5回小刻みに揺さぶりましょう。

成形（リモデ）する

4. 頬のたるみをななめ上へ引き上げる

5. 耳の上の筋肉にグーッと圧をかける

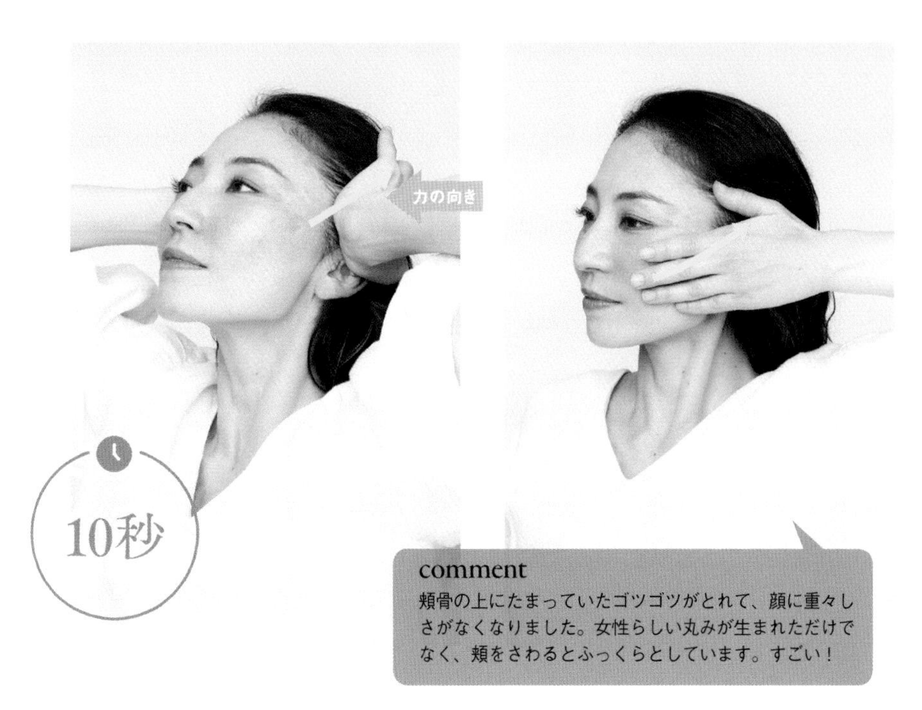

指の先が前方になるように頬に指をあてます。3で引き上げたたるみを、こめかみに向かって流していきましょう。顔の奥へ圧をかけながら、ななめ上へとリリースします。

手の向きを変え、耳の上の筋肉（側頭筋）に手の付け根で圧をかけましょう。4で持ち上げたたるみを頭部に押し込むイメージ。10秒キープし、後方へそっと手を引き抜きます。

「笑うと頬が引きつります……」

下村紀子さん

スマイル筋の衰えによる、口の横のたるみとほうれい線が悩みなら、
口角を上げて笑顔をつくるトレーニングが必要です。
リラックスした状態で筋肉をゆるめる、ボールを使った筋トレもおすすめ。

▶P66も合わせてチェック!

口角がキュッと上がってゴキゲン顔に

不自然に力の入っていた口角がキュッと上がるようになり、ナチュラルで好印象を与える笑顔に大変身。スマイル筋が活性化したことで、頬の頂点が上がって、顔全体がすっきりしたのもわかります。

Narumi's advice

癒着をはがすのが難しい口元や、デリケートな目元にアプローチするとき、専用のボールを活用するのも方法。「RAD ROUNDS」というシリコン製ボールは、電子レンジで温めて使うことのできるすぐれもの。気持ちがいいので、疲れている日にもおすすめです。

ゆるめる

1. 眉下のくぼみにボールを押し込む

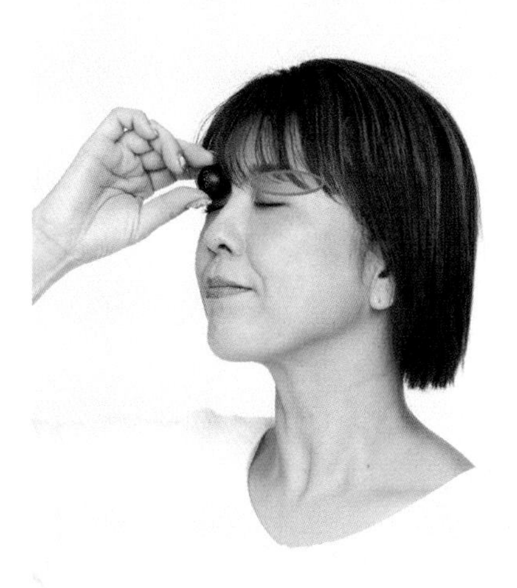

2. 目元の骨の周りをやさしく転がす

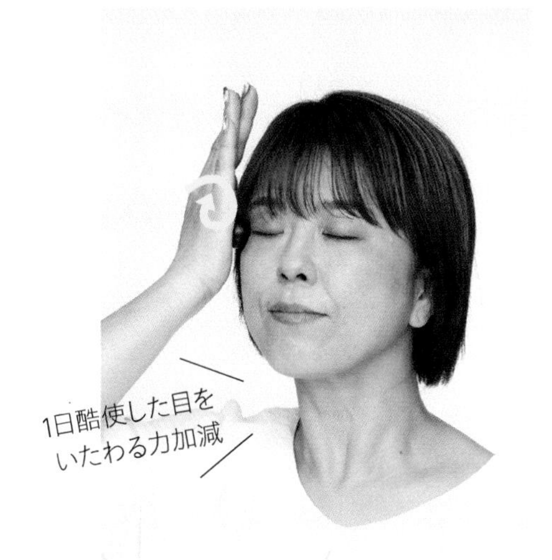

1.小サイズのボールを眉下のくぼんだところにあて、力を入れすぎない程度に押し込みます。2.そのあと、目を囲む骨のキワをほぐすイメージでやさしく転がしましょう。目の下の凝りをゆるめるために、らせんを描くようにコロコロと転がしていくのが正解です。

ゆるめる

3. 頬全体と輪郭のキワにやさしく転がす

中サイズのボールに持ち替えたら、輪郭筋のうち、頬の下方に位置する咬筋をゆるめていきます。手のひら全体でボールを軽くおさえ、コロコロと転がしましょう。フェイスラインのキワをなぞるように、耳に向かって転がすのもおすすめ。あごのもたつき解消に有効です。

ゆるめる

4. 口角の横に円を描くように転がす

小サイズのボールで、唇の周りの凝りをゆるめましょう。口角の横を中心に、小さく円を描くようにボールを転がします。

5

「頬のコケをなんとかしたい」

坂下広美さん

頬のコケを解決したい場合は、たるみを上方向に持ち上げるのではなく、横方向に引き伸ばして横幅の面積を広げるように成形(リモデ)することが大切。頬に存在する筋肉を強化するトレーニングを行いましょう。

▸P64も合わせてチェック！

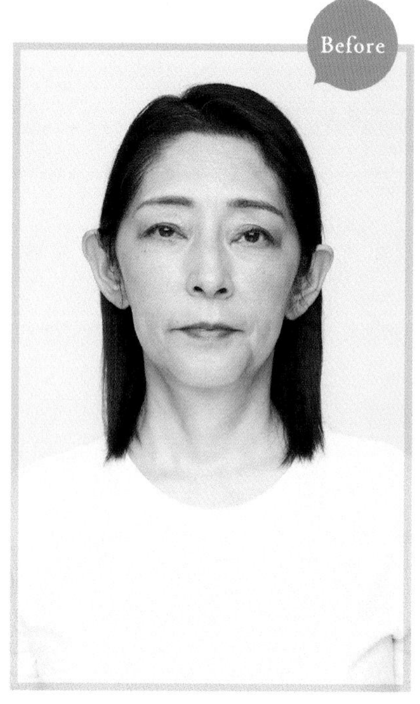

口元に自然なふくらみが出て口角も上向きに

口横に健康的なぷっくり感が生まれて、極端なへこみが解消されたのが見てとれます。頬の筋肉全体が上がったことで、あごの周りのもたつきがなくなり、適度にふっくら感がありつつもシュッとした理想の大人顔に。

きたえる

1.「シー」といいながら
スマイル筋を横に引く

1.口角の横に手のひらを押しあて、「シー」と言いながら、横方向に引きます。10秒かけてゆっくりと手のひらを耳の前まで移動させましょう。2.耳の前まできたら、手のひらに力を入れたまま、奥歯をグッと噛みしめます。10秒キープしてからそっと手を放します。

Narumi's advice

日頃からの表情グセにより、唇や口角を下げる筋肉が発達している広美さん。口角が上がりにくくなり、その結果、頬が筋力ダウンして頬のコケが目立ってしまっている状態です。スマイル筋をきたえるトレーニングを重点的に行いましょう。

きたえる

3. 人さし指でウインク筋をななめに動かす

4. 目の下に向かって持ち上げる

3.グッと力を入れて口角を上げたら、口角に沿うように人さし指をハの字におきます。指の腹に力を入れてななめに動かしていきましょう。
4.10秒動かしたら、指の上にたまったたるみを目の下に向かって、10秒間持ち上げます。最後はそっと指を放してください。

きたえる

5. あごをおさえたまま口角を上げる

comment
短時間でも十分顔が変わったのを感じられました。昔からのコンプレックスである、頬のコケが少し改善し、表情もやさしげになったような……。こんなに即効性を感じるトレーニングはなかなかありません。

1秒×10回

あごに手を添え、口角をキュッと上げるトレーニングを行います。口角を「上げる→下げる」を10回、テンポよくくり返してください。

Before → After

「継続すれば、別人級に！」

P84〜103に登場したのは、サロンのお客様や成形士としての技術を学びにきてくださっている方々。
このページのBefore写真は、初めてお会いしたときのもの。もともと美しい5名ですが、
「たるみ帳消し」筋トレを継続したことによる変化は一目瞭然です。

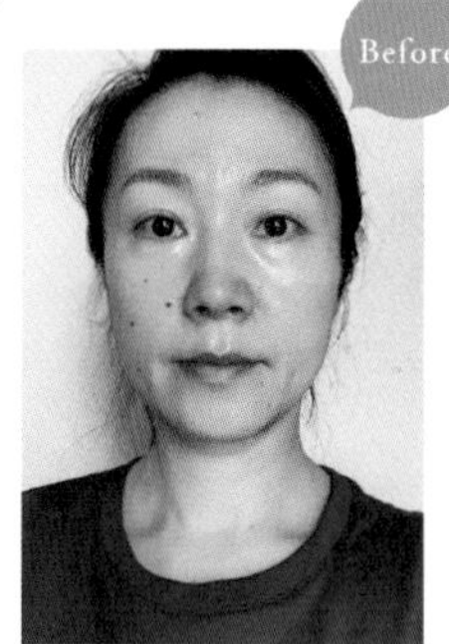

お悩み①

「顔の上半身のたるみ」

橋本智子さん(42歳)

「朝の洗顔時、顔が下がってきたのを感じ、気分まで下がってしまうことがしばしば……。昔よりも目が小さくなった気がすることと、夕方の"お疲れ顔"に悩んでいた頃にえな先生と出会いました」

お悩み②

「輪郭のもたつき」

三野村なつめさん(44歳)

「仕事で毎日長時間PCを使います。自宅で作業をする日が増えて、とくに口元を意識することがなくなりました。もともとむくみやすい体質ですが、このコロナ禍でいっそうあごの下がたるんでしまいました」

お悩み③

「顔のゴツゴツ感」

金丸真奈美さん(45歳)

「歳を重ねるにつれ、しっかりとした頬骨が目立ってきてしまい、なんだか男性的な顔つきに。顔の表層にアプローチをする一般的なエステではどうにもならないと思い、えな先生のもとに駆け込みました」

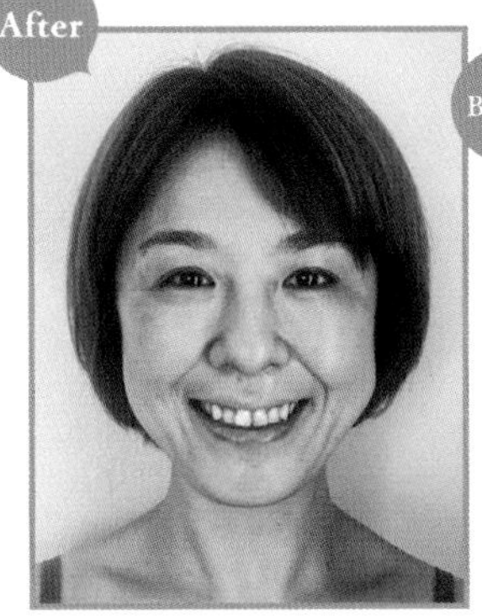

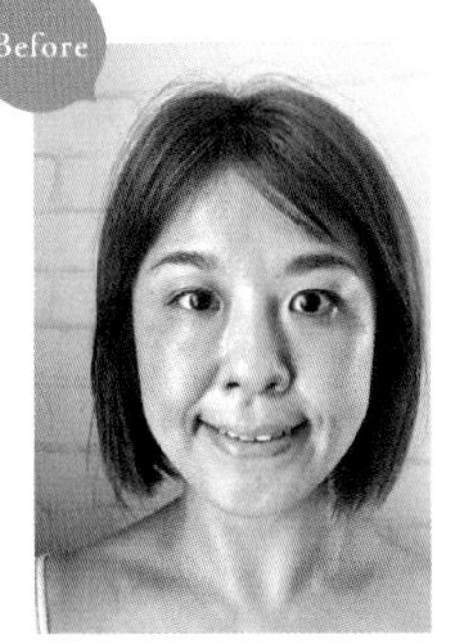

お悩み④

「笑うと引きつる」

下村紀子さん(44歳)

「写真を撮るときなど、にっこり笑おうとすると頬がピクピク……。顔が引きつって思うように笑顔をつくれないことに悩んでいました。20代から気になっていたほうれい線が、深くなってきたことも悩みでした」

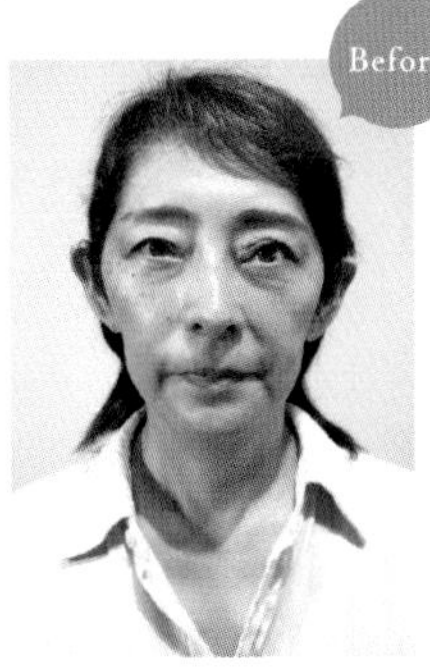

お悩み⑤

「頬のコケによるしぼみ」

坂下広美さん(58歳)

「頬がふっくらとしたことがない私は、若い頃から輪郭のへこみがコンプレックスでした。年齢を重ねたら、今度は下がった皮膚が頬の下にたまって輪郭がへちま形に。より頬のくぼみが強調された気がします」

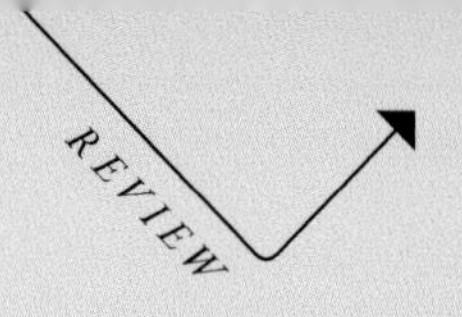

続ければ「こんなにもいい連鎖」

顔のマネジメントを続けると、「たるみ劣化」を阻止できる以外に、
こんなにもいいことが。劇的な変化で自信がついて、
美へのモチベーションや行動力が高まった9つの声を紹介します。

1 シミの排出が早くなった気がする

一連の動作を終えると、顔が芯からぽかぽか。血のめぐりがよくなり、肌が前よりもつるりとした実感があります。肌のターンオーバーが促進されて、以前よりシミが薄くなった気がします。

（H.Sさん・50代）

2 長かった髪を思いきってショートに！

輪郭の左右差や頬のたるみを隠すために、ずっと髪を伸ばしていたのですが、約2カ月のトレーニングで悩みが改善されたので、ついに念願のショートカットに。凝りがとれたおかげで、頭の形もきれいに整ってきた気がします。

（N.Sさん・40代）

3 久しぶりに髪をアップにしたいという気持ちになれた

トレーニング後は首がシュッとして、気になるあご下のもたつきも改善。横顔に自信がつくと、髪を結びたくなります。

（N.Mさん・40代）

4 必需品だったコンシーラーを忘れて外出するほどに！

目の下のたるみをごまかすために、コンシーラーは必須アイテムでした。トレーニングを続けたことで、たるみが目立たなくなり、コンシーラーなしでも外出できるほどになりました！　今では塗り忘れても気にならないくらい。感激です。

（H.Mさん・40代）

5 気持ちが前向きになり おしゃれをすることへの意欲が高まった

とにかく自分に自信がつきました。今の顔が一番好き。続けるほどに変化があるので、どこを成形（リモデ）したいか考えながらトレーニングをするのも楽しいです。自分の外見に自信がついたら、おしゃれをしたいという気持ちも高まりました。

（M.Kさん・40代）

6 噛みグセが解消され ぐっすり眠れるように

口の周りを重点的にきたえたことで、口の中の余計な肉がなくなりました。睡眠中の食いしばりがなくなって、ぐっすり眠れるように。寝起きのすっきり具合が、トレーニングを始める前と全然違います！

（N.Sさん・40代）

7 「最近幸せそうだね」と言われるように

自分が思っている以上に顔の印象が変わったようで、「顔が小さくなった」「頬が上がった」「最近幸せそう！」などと、周囲に言ってもらえることが多く、自己肯定感が高まっています。

（M.Hさん・30代）

8 歳をとるのが怖くなくなった！

こめかみはくぼみ、頬はコケ、あごには梅干しジワ……。いろいろな加齢現象に悩まされていましたが、筋肉の凝りがとれたら、顔を動かしやすくなり、へこんだところにたるみを移動させて凹凸をなくすことができました。加齢も怖くない！

（M.Yさん・40代）

9 鏡で自分の顔を見るのが 楽しみになりました

年齢を重ねると、顔の輪郭が四角くなり、皮膚がたるむのは当たり前。仕方ないことだと諦めていました。きたえるうちに、自分の顔が変わってきているのがわかり、希望が見えました！　自分の顔をじっくりと鏡で見るのを避けていましたが、今はむしろ鏡を見るのが楽しみです。

（S.Aさん・40代）

About me

「成形（リモデ）メソッド」が生まれたきっかけ

「成形（リモデ）する」というメソッドを考案したのは3年前のこと。NYでフェイスケアを受けたあと、記念に撮ってもらった写真の中の自分の顔にショックを受けたのがきっかけです。そのときまでは「ゆるめて、きたえる」という流れが、顔のプロポーションを完璧にしてくれると思っていたのですが、きたえていたはずなのに立体感がなくなり、いつの間にかのっぺりとした印象になっていた自身の顔を見て、それだけでは足りないと感じました。ゆるめて、きたえた“たるみ”を引き上げ、正しい位置で形状記憶させる必要があるのです。そうして生まれたのが「成形（リモデ）する」という新たなメソッドでした。

粘土のように、筋肉や脂肪を押したりこねたりすることで、理想の形をつくっていくという「成形（リモデ）メソッド」は、その工程も楽しいものです。顔の奥に圧をかけながら、筋肉を引き上げたり伸ばしたり……。習慣化したことで、きたえたあとの上がった状態を保てるようになりました。手を加えれば加えるほど、筋肉は応えてくれるので、昨日までの自分と比べながら日々取り組んでいます。

PART

5

鳴海えな式

「自活美容」

DAILY BEAUTY ROUTINE

最後に、私が実践している美容習慣を紹介します。
隙間時間にトレーニングをしたり、スキンケアの方法を見直したり
自らの手でできる小さなことを積み上げていけば、
さらに美しさに磨きをかけられるはずです。

Rule

1

隙間時間を諦めない

仕事の合間や移動中など、手があく時間は
「ながら」トレーニングをしています。
なかでも、手軽に取り入れられるものを
4つ紹介します。

1. 入浴中やドラマを見ながら

輪郭の周りをつまんでひねる

フェイスラインのもたつきを深部からつまんで、外側にひねって流すだけ。鏡を見なくてもできるので、お風呂に浸かっている間やテレビを見ている間に行うのもおすすめです。

2. 仕事や家事の合間に

グルグル肩回し

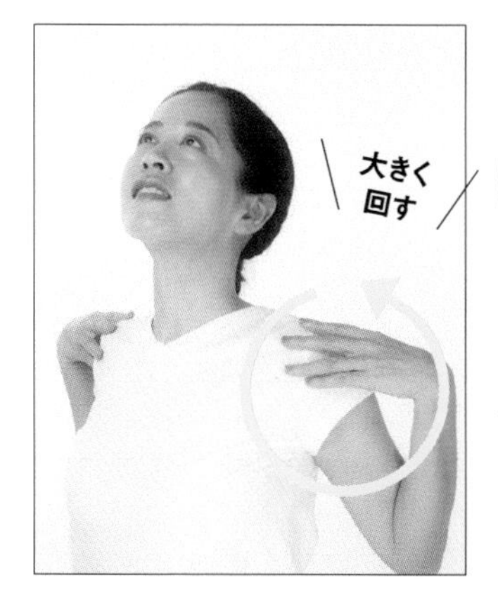

背すじを伸ばして立ち、指先を肩に添えます。肩をピンと張り、胸を大きく開いたら、ひじで円を描くように前から後ろに向かって肩全体を10回ゆっくりと回します。

3. マスクの中で
舌先を上あごにつける運動

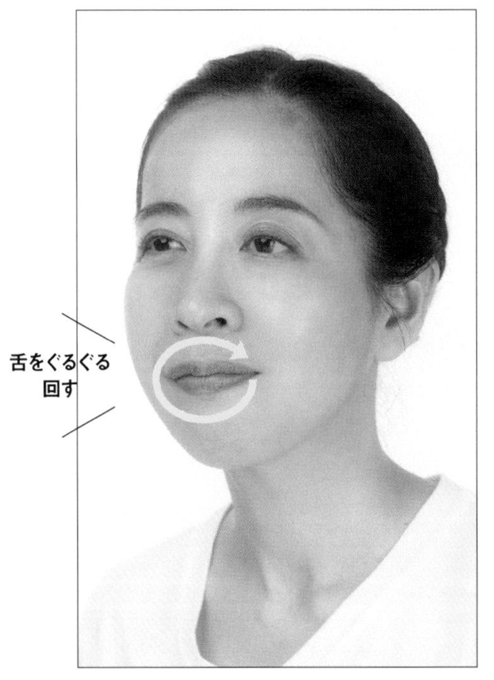

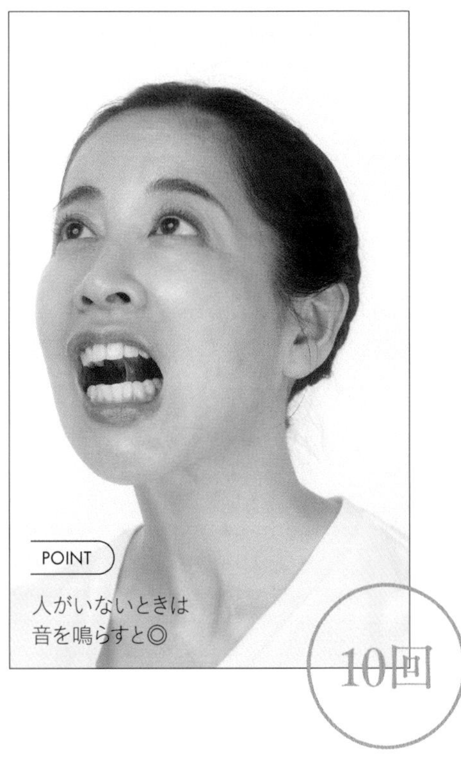

10回

マスクをする日は、下がった口元の筋肉をきたえる絶好のタイミング。舌先を上あごに押しつけて、そのまま口を閉じます。これを10回。舌を上あごにあてる際、はじくようにあてて音を鳴らすとより効果的。ほかには、歯と唇の間をなぞるように、舌をぐるぐると回す「舌回し」もおすすめです。

4. 写真を撮る前に

人さし指と中指で「耳前ほぐし」

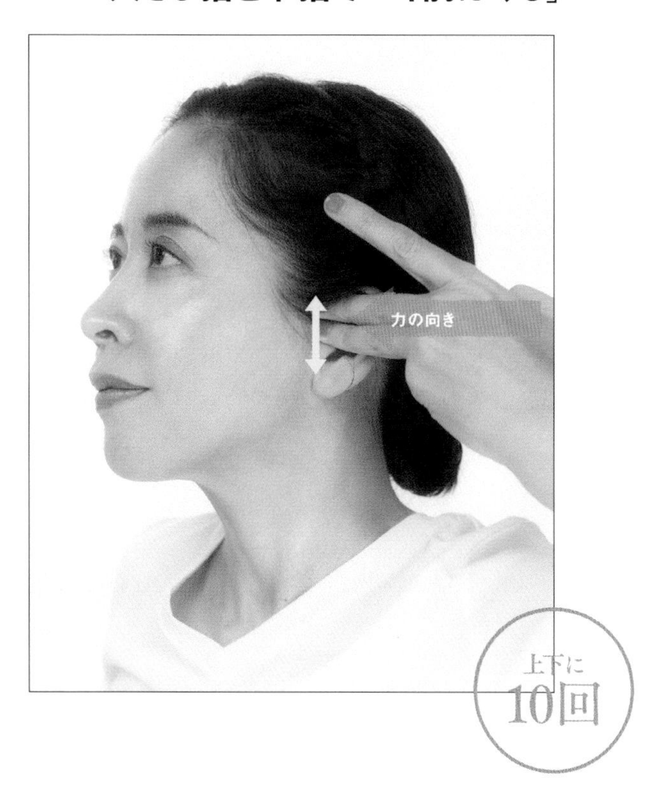

上下に
10回

即効性を求めるときに、触れるといいのはリンパ節の多く集まる耳の周り。中指と薬指を耳の前に置き、深部へ圧をかけながら上下に動かしましょう。顔のすっきり感が変わるのでぜひお試しを。

Rule

2

横顔にも意識を向けましょう

人と話すときなど、意外と見られているのが
顔の側面。顔と首との境界線がはっきりして
フェイスラインの周りにたるみがなければ、
凛とした雰囲気の美人顔に。

頭と鎖骨を 同時に引っ張る

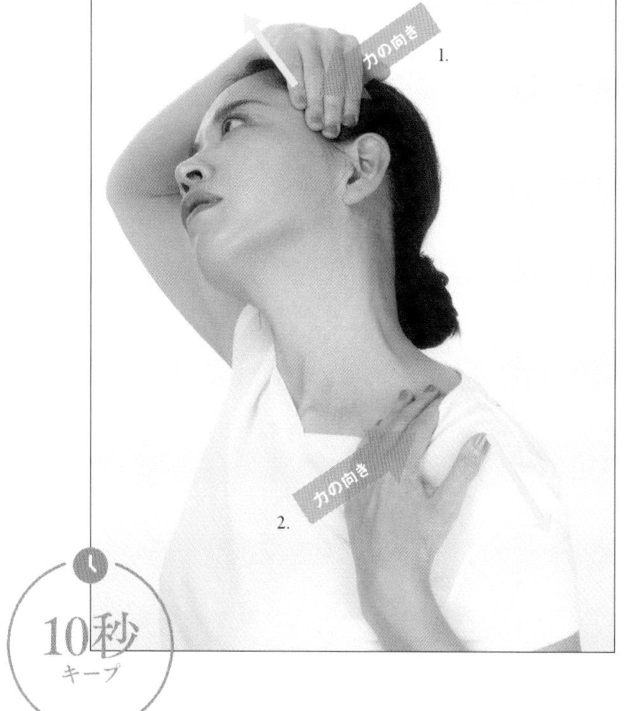

10秒キープ

POINT
右手と左手を反対方向に動かす

輪郭筋のうち、耳上の筋肉と首にある筋肉にアプローチします。耳上の筋肉を反対側の手で押さえたら、鎖骨の下をもう片方の手で押さえます。1は上方へ、2は下方へ、それぞれ深部に圧をかけながら伸ばします。このとき、顔は引き上げたい方向に傾けましょう。

Rule

3

スキンケアは立体的に

正しいスキンケアができていますか?
「顔は立体である」という理論に基づいて
化粧水や乳液の理想的なつけ方を
考えてみましょう。

まずはV字に
手をあてて

化粧水 は顔の側面まで

耳横ギリギリの位置までが顔だと考えて、正面はもちろん、側面にも化粧水を塗ってうるおいを補給。また、フェイスラインのキワやあごの下に塗布することも忘れずに。やさしく押し込むように水分を入れていきましょう。

余裕があれば
鏡を見ながら

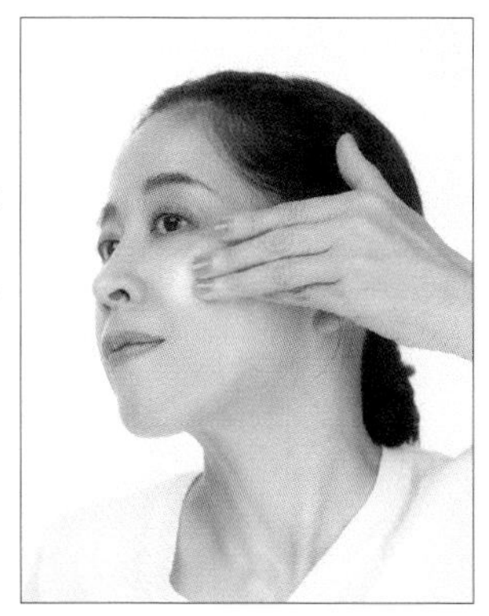
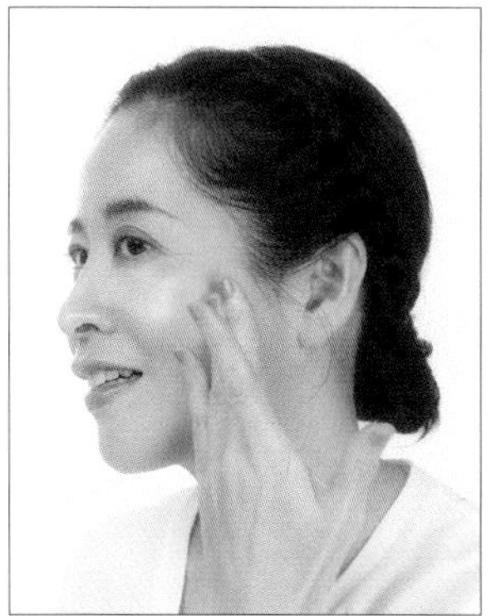

乳液・クリーム は骨格に沿って

乳液やクリームを指の腹にとったら、頬骨などの骨格に沿ってやさしくトントンと塗っていきます。目の周りを保湿するときも、同様に骨格を意識して。目を閉じ、眼球がある目元のくぼみ（眼窩）に指の腹をそっとあてましょう。

Rule

4

顔の姿勢も正しく

日頃から「顔の姿勢を正しく保つこと」を
意識して。背すじを伸ばして姿勢を
正すように、顔の筋肉もあるべき位置に保ち、
凝り悩みを未然に防ぎましょう。

顔の正しい姿勢って？

❶ 舌を上あごにつけてキープ

❷ 口を閉じている間は、口角に軽く力を入れる
（横に引くくらい力むと逆効果なのでほどよい力で）

Rule 5

継続することが何より大切

できれば毎日筋肉に触れましょう。
しばらくサボれば、手の感覚は鈍り、
ゆるめた筋肉はまた硬直状態に逆戻り。
どれかひとつ行うだけでも十分です。

ポジティブに変化を楽しめるようになってほしい

「アンチエイジング」という、よく聞く言葉。
抗加齢・抗老化を意味します。
エイジング（歳を重ねること）に抗うのではなく、ポジティブに捉えて
変化を楽しめる人がもっと増えたらいいのに、と常々考えています。

私は、年齢に応じたケアやアプローチのことを
「エイジングマネジメント」と呼んでいます。
人生100年時代。若い頃の顔と比べて落ち込むのではなく、
生涯美しくあり続けるために、
未来に目を向けるほうが賢明ではないでしょうか。

歳を重ねることに抗うのではなく、

「美しさがどんどん更新されていく」。
お客様からこんな声をいただくのですが、それは「若返り」とは違うもの。
今の自分の顔が一番好き、と言ってくださるお客様がたくさんいて、
私自身も、50歳の今の顔が一番いいと思っています。
若さと美しさは異なるものであり、
意欲があれば、美しさはどこまでも更新することができるのです。
何歳からでも、何歳になっても。

自らの手で顔をマネジメントすることで、
皆さんにも美しさを更新しながら、
人生を楽しんでいただきたいと願っています。

私が大切にしている考え方のひとつに「美健同源（びけんどうげん）」というものがあります。
外見の美しさと体の健康、
まったく別物のようで根源は同じだということ。
美しくあることは健康である証であり、美しくなりたいという意欲によって
健康への意識も高まるというものです。
諦めていた顔の悩みが「変わる」ことで、美容へのモチベーションが高まり、
スキンケアを頑張ったり、ヘアスタイルを変えたり、
今まで選ばなかったような服を着てみたくなったり。
美欲の連鎖で、人生そのものが豊かに変わっていくことを、
お客様の実体験から教わりました。
誰でも、正しい美容習慣を知り、継続的にお手入れをすることで、
「顔は変えられる」と確信しています。

美しくなりたいという意欲が健康への意識も高めてくれる

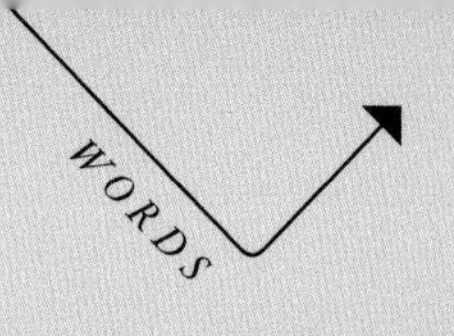

ポジティブ美語録

本書に出てきた、美へのモチベーションが高まる言葉の数々。
気になる言葉から逆引きして、じっくり読んでもらえたらうれしいです。

おわりに

最後まで読んでいただき、ありがとうございます。

外見を美しくすることは、
人生をより豊かにする手段だと思っています。

コンプレックスだったところが改善されて、
顔がよりよく変わったら、
自分に自信が持てるようになり、心が満たされます。
見た目に気を遣うことから始まって、
健康への意識が高まったり美意識や行動力が高まったりと、
いい連鎖が起こるはずです。